Kerstin Lingemann

Lauf einfach!

BoD™
BOOKS on DEMAND

Kerstin Lingemann

Lauf einfach!

Marathontraining zwischen Job und Familie

Tagebuch

Bibliografische Information der Deutschen Nationalbibliothek:
Die Deutsche Nationalbibliothek verzeichnet diese Publikation in der Deutschen Nationalbibliografie; detaillierte bibliografische Daten sind im Internet über http://dnb.dnb.de abrufbar.

Fotos: Oliver Lingemann

Herstellung und Verlag: BoD – Books on Demand, Norderstedt

ISBN: 978-3-7347-8666-2

Für Oliver, Sophie und Julius

Inhaltsverzeichnis

Interview mit mir selbst

Name	Kerstin Lingemann
Jahrgang	1980
Haarfarbe	braun
Augenfarbe	braun
Lieblingsfarbe	blau
Familie	verheiratet, zwei Kinder
Beruf	Kommunikationselektronikerin, bis 2014 tätig als Sachbearbeiterin, jetzt Texterin und Autorin

Hobbys	Laufen und Schreiben
Wie ich zum Laufen kam?	Durch zwei Arbeitskolleginnen, zwischen denen ich in einem Dreierbüro saß. Die beiden Frauen haben sich über meinen Kopf hinweg über das Laufen unterhalten, das hat mich neugierig gemacht. Wenige Tage später habe ich es selbst ausprobiert.
Wann war das?	Anfang 2011, kurz nachdem ich aus dem Erziehungsurlaub in den Job zurückgekehrt war.
Wann war mein erster Wettbewerb?	Das war bereits in meinem ersten Laufjahr. Ich habe am Berglauf „Auf die Platte – fertig – los!!!" in Wiesbaden teilgenommen. Damals wurde ich Vorletzte in meiner Altersgruppe.
Warum nehme ich an Wettbewerben teil?	Weil es schön ist, Schwarz auf Weiß zu sehen, was ich kann. Es ist die Anerkennung meiner Leistung, die mich dazu motiviert.
Wie lässt sich das Laufen mit der Familie vereinbaren?	Wunderbar. Ich bin frei. Wenn ich Zeit habe, dann laufe ich. Ich bin nicht an Termine gebunden und kann sofort beginnen, sobald ich das Haus verlassen habe.
Lebensmotto	Geh deinen eigenen Weg!

Sonntag, 28. Oktober 2012 – Frankfurt Marathon

Ich suche den großen weißen Ballon mit der „Mövenpick"-Aufschrift. Dort ist mein Startblock. Ich bin früh dran, es ist zehn Minuten vor zehn.

Punkt zehn Uhr fällt der Startschuss für die Eliteläufer; zehn Minuten später startet die zweite Welle. Ich friere, ziehe mein Schlauchtuch über Gesicht und Ohren. Um mich herum stehen zwar viele andere Läufer, aber nicht genug, damit mir warm wird. Die anderen frieren auch; manche haben sich Decken umgehängt oder alte Pullover, einige tragen blaue, zurechtgeschnittene Müllsäcke, um sich vor der Kälte zu schützen. Der mühsam aufgewärmte Körper muss vor dem Auskühlen bewahrt werden, damit die Muskeln beim bevorstehenden Lauf besser vor Verletzungen geschützt sind. Ich habe mich nicht aufgewärmt. Ich habe mich von meiner Familie verabschiedet und bin zur Startaufstellung gegangen. Und da stehe ich jetzt. Meine Nervosität, die ich am frühen Morgen noch hatte, ist verflogen. Gespannt warte ich auf den Startschuss des Frankfurt-Marathons. Ich will endlich loslaufen, damit mir warm wird. 1° C: Die Kälte trifft mich, ich bin zu dünn angezogen. Doch noch ehe meine Fingerspitzen rot werden, fällt auch für die zweite Welle von Läufern der Startschuss. Die Menge setzt sich in Bewegung. Ich trabe im Fluss der Läufer mit bis zur Startlinie, überlaufe die Matten für die Zeitnehmung und aktiviere meine Stoppuhr: Los geht's! Ich laufe. Endlich. Mir ist heiß vor Aufregung. Ich bin langsam, laufe gleichmäßig und rhythmisch; wenn das so bleibt, kann ich mit einer guten Zeit rechnen. Mein Ziel: unter vier Stunden. Das ist ehrgeizig, aber machbar. Jetzt bloß nichts verkehrt machen, vor allem auf den ersten Kilometern nicht zu schnell werden, damit am Ende die Kraft reicht. Meine Beine fühlen sich stark an, ich spüre, dass ich nur auf Sparflamme laufe. Da geht noch was! Trotzdem zwinge ich mich, mein langsames Tempo beizubehalten: 10,4 km/h. Ganz schön schnell, denke ich. Aber ich habe das Gefühl, es geht noch schneller. Mach langsam, hämmere ich mir ein. Aber das ist nicht leicht. Die Massen geben mehr oder weniger das Tempo vor und ich schwimme im Strom mit. Nur bei den Bergaufpassagen lasse ich mich bereitwillig überholen. Nicht umsonst habe ich im hügeligen Gelände, in den Feldern vor Niederursel trainiert. Jetzt zahlt es sich aus. Ich fühle mich kraftvoll und überlegen. Ich vergesse die Zeit, merke nur wenig von dem, was um mich herum geschieht; ich laufe, da ist nichts als Zufriedenheit.

Die Musik an der Strecke hebt meine Stimmung, die Leute sind gut drauf. Ich halte Ausschau nach Oliver und den Kindern, nach meiner Mutter, aber seit dem Start habe ich niemanden mehr gesehen. Inzwischen bin ich bei Kilometer acht. Wow, denke ich, schon bei Kilometer acht, und es war kein bisschen anstrengend bisher. Das kenne ich auch anders. Acht Kilometer können verdammt lang sein. Heute nicht. Bis jetzt war es ein Spaziergang. Bei Kilometer 14 erinnert mich die Musik der *Toten Hosen* daran, dass ich ‚an Tagen wie diesen noch ewig Zeit habe‘. Das passt, denke ich und genieße den Moment. Wenn du dir Zeit lässt, bist du am Ende schneller. Jeder, der schon einmal an einem Laufwettbewerb teilgenommen hat, weiß, was ich meine. Es kommt auf die richtige Krafteinteilung an, sonst erwischt dich der Mann mit dem Hammer. Aber davon ist nichts zu spüren. Ich erhöhe leicht das Tempo und nehme mir vor, bis zur Marke des Halbmarathons nicht schneller als 5:38 min/km zu laufen. Das klappt auch, aber nach dem Überschreiten der Halbmarathon-Marke gibt es kein Halten mehr. Ich bin motiviert und optimistisch, dass ich es unter vier Stunden schaffen kann. Ich erhöhe das Tempo, laufe jetzt 5:20 min/km und es fühlt sich gut an. Ich fühle mich verdammt schnell. Ich renne, was das Zeug hält, lasse mich von den Menschen am Straßenrand vorwärtstragen, da ist nichts als Glück. Und es hält an, lange, sehr lange.

Bis Kilometer 28 – da bekomme ich plötzlich Schmerzen im rechten Knie. Es fühlt sich an, als hätte mich jemand mit einer Steinschleuder getroffen, mit voller Wucht. Ich schaue nach unten. Scheiße, fluche ich. Unverzüglich drossele ich mein Tempo, gehe ein paar Meter. Nachdem ich mich wieder gefangen habe, laufe ich langsam weiter, überlege, was ich machen soll. Ans Aufhören will ich nicht denken. So weit ist es noch nicht. Also verabschiede ich mich von der Vier-Stunden-Mauer und nehme mir vor, einfach bis zum Ziel weiterzulaufen. Wenn nur die Mainzer Landstraße nicht wäre. Hier ist es ziemlich öde: kaum Zuschauer, wenig Stimmung, das Läuferfeld zieht sich auseinander. Fast zehn Kilometer geht das so. Vielen sieht man die Strapazen an, jede Menge Läufer gehen, manche humpeln, einige dehnen ihre angestrengten Muskeln. Auch ich gehe immer wieder kurze Strecken. Hier sieht mich keiner, hier feuert mich keiner an, niemand merkt, wie sehr mich das Brennen im Knie einschränkt. Aber ich kann nicht ewig gehen, es ist noch zu weit. Und mir wird kalt. Winzige Schneeflocken fallen vom Himmel und kühlen mich aus. Also laufe ich weiter. Ich habe nach wie vor den Ehrgeiz, das Tempo hochzuhalten. Trotzdem dauert es ein paar Kilometer, bis ich wieder genug Motivation zum Durchhalten gesammelt habe. Ich laufe und gehe abwechselnd. Bei Kilometer 35 trötet mir meine Tochter zu. Da steigen mir die Tränen in die Augen. Sie hat mich gesehen, wie ich nur noch gehe. Ich schlucke meine Tränen der Schmerzen und der Rührung hinunter und nehme wieder einen Laufschritt auf, den ich bis zum Ziel durchhalten kann. Ich strecke meine Hand aus nach meinen Kindern; meine Tochter trötet mit aller Kraft, mein Sohn pustet aus voller Kehle in seine Trillerpfeife und sogar meine Mutter ruft so laut sie kann meinen Namen. Ich klatsche sie nacheinander ab und laufe weiter. Jetzt geht es wieder. Und durch die Stadt werde ich von der Menge getragen. Ich habe immer noch Kraft für Tempo. Ich laufe 5:00 min/km, es geht voran. Aber ich quäle mich mit meinem Knie. Doch ich halte durch. Ich freue mich auf den Cola-Stand; zwei Becher trinke ich, das muss reichen für die letzten Kilometer. Und obwohl ich den Kraftschub durch die Zuckerlösung spüre, werde ich langsamer. Ich habe es gerade geschafft, nicht mehr an mein rechtes Knie zu denken, als der linke Fuß Probleme macht. An Aufhören ist nun nicht mehr zu denken; von hier aus kann ich zur Not durchs Ziel humpeln. Ich mobilisiere alle mentale Kraft, die ich noch habe, und laufe mit meinem schmerzenden Fußgelenk weiter. Bis zum Ziel – über den roten Teppich in die Festhalle – ich bin ein Held. Jetzt kann ich die Tränen nicht mehr zurückhalten. Ich will zu meiner Familie, suche Oliver, meinen Mann, aber die Helferin lotst mich aus der Halle. Ich muss Platz machen für all die anderen Helden, die nach mir kommen. Ich humpele die Treppe hinunter und stelle mich in der Schlange an. Jetzt darf ich mir meine Medaille holen. Mein Ziel, die Strecke unter 4 Stunden zu schaffen, habe ich zwar verfehlt, aber ich bin an-ge-kom-men.

Persönliche Bestleistung: 4:08:24 h!

Dienstag, 30. Oktober 2012

Ich leide immer noch an den Nachwirkungen des Marathons. Meine rechte Hüfte schmerzt, ich kann mein rechtes Knie nur leicht anwinkeln, komme schlecht die Treppe runter und spüre bei jedem Schritt meine Fußgelenke. 42,195 km in durchschnittlich 10,2 km/h haben ihre Spuren hinterlassen. Es mag verrückt klingen, aber ich bin froh darüber. Ja, ich bin froh, meinen Körper derart zu spüren. Ich bin erstaunt, wie viel Lob und Anerkennung ich mir selbst schenken kann, ganz nach dem Prinzip der Selbstwirksamkeit: Ich habe etwas erreicht; ich kann ALLES schaffen.
Auch ist es schön, darauf angesprochen zu werden. Ich glaube, mir haben mehr Menschen nette Worte zu meiner Laufleistung gesagt als an meinem Geburtstag. Das ist erstaunlich. Ich freue mich so. Hoffentlich hält dieses Glücksgefühl noch lange an. Ich will noch ein paar Tage und Wochen davon profitieren, denn ans Lauftraining ist momentan nicht zu denken. Ich muss mich erst von den Strapazen erholen. Das monatelange Training und der Wettbewerb haben mich ganz schön mitgenommen. Jetzt heißt es, Kraft zu sammeln,

damit ich bald wieder mit dem Training beginnen kann. Ich will mir neue Ziele setzen, mir fallen alle möglichen ein:

- einen Halbmarathon unter 1:45 h laufen

- das Marathontraining ohne Verletzungen überstehen

- einen Marathon unter vier Stunden schaffen, dabei aber ganz locker und entspannt laufen

- mehr Körpergefühl entwickeln

- einen Feld-, Wald- und Wiesenlauf gewinnen

Das ist für den Anfang genug. Dadurch werde ich sicher die eine oder andere Motivation für den Wiedereinstieg finden.

21.00 Uhr
Meine Beine sind heiß. Ich fühle, wie mein Körper die Schäden repariert, die ich ihm zugefügt habe, damit hoffentlich nie mehr etwas kaputtgeht. Ich ruhe mich aus und sonne mich in diesem Gefühl, damit es mir möglichst lange in Erinnerung bleibt.

Donnerstag, 1. November 2012

Das war ein langer, anstrengender Tag: Arbeit, Eiskunstlauf mit Sophie, Julius aus dem Kindergarten holen, eine Kleinigkeit für die Verabschiedung einer Erzieherin vorbereiten, mit beiden Kindern zur Abschiedsfeier gehen, Abendessen machen und die Kinder ins Bett bringen – keine Mittagspause und Oliver arbeitet immer noch. Doch obwohl der Tag so turbulent und stressig war, bin ich ausgeglichen und komme schnell zur Ruhe. Auch die Belastung durch die

Arbeit haut mich heute nicht um. Ich bin erholt. Erst jetzt wird mir bewusst, wie anstrengend die letzten Wochen der Marathonvorbereitung waren. Die vielen langen Läufe, die anstrengenden Trainingsstunden und der psychische Druck haben mich unbemerkt einige Kraft gekostet. Aber ich will es wieder tun, denn dass ich es schaffen kann, weiß ich. Nur nicht jetzt. Jetzt will ich mich erholen und nicht ans Laufen denken. Ich will mich anderen Dingen widmen und wieder öfter intensiv Zeit mit meiner Familie verbringen. Oliver und die Kinder sind nämlich oft zu kurz gekommen. Sie haben mich unterstützt und jetzt ist es an der Zeit, ihnen etwas zurückzugeben. Sie werden mir sicher auch helfen, neue Motivation zu finden.

Ans Laufen kann ich momentan nicht denken. Ich muss mich noch erholen. Außerdem ist mein rechtes Knie angeschlagen. Es schmerzt nicht stark, aber ich spüre hin und wieder einen leichten Schmerz. Das soll in Ruhe heilen.

Samstag, 3. November 2012

Es ist noch nicht sechs, als ich zum ersten Mal auf die Uhr sehe. Kurz nach halb sieben trinke ich schon meine zweite Tasse Kaffee. Die Kinder konnte ich überreden, sich noch mal ins Bett zu kuscheln, bis es hell wird. Jetzt habe ich vielleicht noch eine halbe Stunde für mich. Ich fühle mich erholt und komme mit weniger Schlaf aus als vor dem Wettkampf. Meine Beine tun mir aber immer noch weh. Nur langsam normalisiert sich alles wieder. Meine innere Ruhe kehrt zurück und mein Energielevel steigt.

In der nächsten Saison muss ich mehr auf meinen Körper hören. Ich darf nicht zu viel wollen. Was habe ich davon, wenn ich den Marathon unter vier Stunden laufe, dafür aber fix und fertig bin, wochenlang? Mein Hauptziel nächstes Jahr soll sein: Locker und entspannt bleiben.

Sonntag, 4. November 2012

Sturmfrei! Oliver ist mit den Kindern zu Oma und Opa gefahren: Zeit zum Relaxen. Später bin ich mit Freundinnen zum Essen verabredet. Nichts kochen zu müssen, tut mir besonders gut; genauso wie das Privileg, ausschließlich für mich selbst sorgen zu dürfen. Ich muss kein schlechtes Gewissen haben, wenn ich auf dem Sofa herumlungere. Die Ruhe fühlt sich extrem an: Mein Ruhepuls sinkt, nachdem ich ausgiebig getrunken habe, zeitweise bis auf 43 Schläge pro Minute. Das ist für mich ein eindeutiges Indiz dafür, dass ich mir in den letzten Trainingswochen zu viel zugemutet habe. (Zum Vergleich: mein Ruhepuls lag immer um die 60, fiel selten unter 55, nie unter 50 Schläge.) Nächste Laufsaison achte ich mehr auf meinen Körper, um nicht in die Gefahr des Übertrainings zu geraten, auch wenn ich den Marathon dann eben langsamer laufen muss. Mein Körper ist keine Maschine und ich wünsche mir, noch lange Spaß an dem Sport zu haben.

Samstag, 10. November 2012

Langsam möchte ich wieder laufen, aber so richtig fit fühle ich mich noch nicht. Mir brummt der Kopf und ich habe Schnupfen, daher warte ich lieber noch eine Weile. Aber ich könnte mir meinen Wintertrainingsplan zusammenstellen, denke ich. Wenn ich noch eine Woche warte, bis meine Erkältung richtig auskuriert ist, dann habe ich insgesamt drei Wochen keinen Schritt gemacht. Danach rechne ich mit drei bis vier Wochen, ehe ich wieder auf meinen alten Trainingsstand komme. Aber mir reichen vorerst drei Trainingseinheiten pro Woche, schließlich will ich mich im Winter erholen. Ich lege meinen Fokus auf entspannte Läufe, die einfach gut für die Seele sind und den Grundlagenbereich trainieren. Es reicht, wenn ich gegen Ende des Winters wieder mehr Tempo mache, und auf Wettkämpfe konzentriere ich mich erst wieder im Frühling.

Das Gute ist: Meine Trainingstage sind aufgrund der Termine in der Familie fix. Ich habe Mittwoch, Freitag und einen Tag am Wochenende, meist Sonntag, zur Verfügung. Also plane ich die Wochen wie folgt:

Woche 1: täglich mit dem Rad zur Arbeit

Montag	2 x 30 min
Dienstag	2 x 30 min
Mittwoch	2 x 30 min
Donnerstag	2 x 30 min
Freitag	2 x 30 min
Samstag	-
Sonntag	60 min, inkl. Test HFmax*

* HFmax: maximale Herzfrequenz

Woche 2: Rad zur Arbeit + 2 Laufeinheiten

Montag	2 x 30 min Rad
Dienstag	2 x 30 min Rad
Mittwoch	2 x 30 min Rad + Laufen 40 min (75% HFmax)
Donnerstag	2 x 30 min Rad
Freitag	2 x 30 min Rad
Samstag	-
Sonntag	80 min (70% HFmax)

Woche 3: täglich 2 x 30 min Rad zur Arbeit + 3 Laufeinheiten

Montag	
Dienstag	
Mittwoch	40 min (75% HFmax)
Donnerstag	
Freitag	60 min (75% HFmax)
Samstag	-
Sonntag	100 min(70% HFmax)

Woche 4: täglich 2 x 30 min Rad zur Arbeit + 4 x Laufen

Montag	30 min (70% HFmax)
Dienstag	
Mittwoch	60 min (75% HFmax)
Donnerstag	
Freitag	40 min (80–85%)
Samstag	-
Sonntag	120 min (70% HFmax)

Woche 5: wie Woche 4

Woche 6: Pause (Weihnachten und Neujahr)

Sonntag, 11. November 2012

Es ist bereits hell, als ich aufwache. Die Kinder schlafen bis acht Uhr, das ist traumhaft, wenn ich bedenke, dass sie an manchen Tagen schon um halb sieben aufstehen wollen. Ich fühle mich ausgeruht und entspannt. Aber der Schnupfen ist noch da. Also heute kein Lauftraining.

Freitag, 16. November 2012

Es war nicht mehr als ein Spaziergang, aber es war der Wiedereinstieg ins Laufen. Ein erster Gehversuch in der neuen Saison. Das war wie Balsam. Ich bin nicht schneller als 6 km/h gewesen, aber ich war 40 Minuten am Stück unterwegs, trotz Kälte habe ich geschwitzt und den ganzen Tag von dem bisschen Bewegung profitiert. Jetzt fühle ich mich gerüstet, nach drei Wochen absoluter Abstinenz mit dem Wintertraining zu beginnen. Drei Wochen keinen Schritt zu machen und nicht auf dem Rad zu sitzen, das klingt verdammt lange, aber es hat mir gutgetan.

Ich bin maximal erholt und gut motiviert.
Mein Hauptziel dieses Jahr ist es, die richtige Balance zwischen Arbeit, Familie und Laufen zu finden. Letztes Jahr sind Oliver und die Kinder so manches Mal zu kurz gekommen. Vor allem direkt vor dem Marathon habe ich oft gereizt reagiert, was ich auf die eine oder andere Stunde zu vielen Laufens zurückführe. Ich lege viel Wert auf Ausgeglichenheit und innere Ruhe. Ich will verstärkt darauf achten, meine innere Mitte nicht zu verlieren, auch wenn das bedeuten sollte, eine viertel Stunde langsamer im Marathon zu sein. Falscher Ehrgeiz ist fehl am Platz und geht zu Lasten meiner Familie. Außerdem strapaziert zu viel Tempo meinen gesamten Orga-

nismus und ich brauche länger, um mich zu erholen. Deshalb stelle ich mein Training bis zum nächsten Marathon unter dieses Motto: Innere Ruhe vor falschem Ehrgeiz – wer schnell sein will, muss langsam laufen.

Zeit: 00:41:50:29 h
Tempo: 10:10 min/km
Distanz: 4,11 km
Puls: 117 bpm -> ca. 63% HFmax

Subjektives Empfinden:
sehr leichte Anstrengung, positiv, gute Laune + Motivation, Lust auf mehr.

Morgen wird bekannt gegeben, ob es noch freie Startplätze für den Berlin-Marathon gibt. Ich war ganz schön enttäuscht, als am 25.10.2012, dem Tag des Anmeldestarts, alle Plätze nach dreieinhalb Stunden schon vergeben waren, ich hatte Pech und konnte mich nicht vorregistrieren.

Samstag, 17. November 2012

Es ist spannend: 2500 Startplätze für den Berlin-Marathon sind noch frei. Startschuss für die erneute Vorregistrierung ist heute um 18 Uhr.
Bereits eine halbe Stunde vorher sitze ich am Computer. Ab 17:55 Uhr drücke ich alle paar Sekunden F5 für ‚Aktualisieren'. Als der Link dann endlich freigeschaltet wird, beginnt das Chaos. Ich gelange zur Anmeldeseite, klicke „Registrierung starten", aber das ist dann auch schon das Ende vom Lied. Der Server ist überlastet, die „Unavailable"-Meldung schockiert mich. Keine Chance, denke ich enttäuscht, es sind einfach zu viele Marathonis, die sich gleich-

zeitig anmelden wollen. Jetzt bloß nicht aufgeben, motiviere ich mich, noch ist die Anmeldung freigeschaltet. Ich klicke weiter fleißig weiter F5, Oliver unterstützt mich tatkräftig online in Saarbrücken, wo er die Bundesvertreterversammlung des NABU besucht. Einige SMS und unendlich lang erscheinende Augenblicke später erscheint die Eingabemaske auf dem Monitor. Ich kann es nicht fassen; jetzt schnell Name, Vorname und Geburtsdatum eintippen; die Mail-Adresse, die ich zweimal eintragen muss, habe ich mir glücklicherweise schon im Vorfeld in den Zwischenspeicher kopiert, so komme ich schneller voran. Und tatsächlich: Aaahhhh – ich schaffe es bis „Senden" und erhalte wenige Sekunden später die Bestätigungsmail:

„Von: no-reply@bmw-berlin-marathon.com
Betreff: BMW-BERLIN-MARATHON 2013 Bestätigung Kategorie 2
Date: Sat., 17. Nov. 2012 18:08:19 + 0100 (CET)
An: Kerstin.lingemann@unitybox.de

Hallo Kerstin Lingemann,

Sie haben sich erfolgreich für den 40. BMW BERLIN-MARATHON vorregistriert.
In der Kalenderwoche 47 (19.–23.11.) erhalten Sie eine weitere E-Mail mit einem persönlichen Code, um die Anmeldung abzuschließen.
In dieser E-Mail informieren wir Sie auch, bis wann Sie sich angemeldet haben müssen, damit Ihre Vorregistrierung nicht verfällt.

Mit freundlichen Grüßen,
Berlin-Marathon
SCC Events GmbH"

Das kann doch nicht wahr sein!!

Montag, 19. November 2012

Der erste Tag nach der Trainingspause, an dem ich mit dem Rad zur Arbeit gefahren bin, war anstrengender, als ich dachte. Aber es hat gutgetan.

Distanz: 15,9 km
Tempo: 11,6 km/h
Puls: 123 bpm
Zeit: 1:23:29 h
Energie: 458 cal

Dienstag, 20. November 2012

Ein erhöhter Puls ist oft ein Alarmzeichen. Vielleicht sollte ich heute lieber mit dem Auto zur Arbeit fahren. Aber dazu habe ich keine Lust. Gehen wäre die Alternative. Das würde mir auch gut tun, wäre aber weniger anstrengend. Ein ausgiebiger Spaziergang nach der Arbeit wirkt wie eine Massage. Das ist was für die Seele.
Ich gehe zur Arbeit. Ich versuche mich in normaler Geschwindigkeit zu bewegen, aber der Blick auf die Uhr spielt immer eine gewisse Rolle. Ich lasse mich verleiten, schneller zu gehen und zwischendurch zu joggen. Mein Puls erhöht sich teilweise bis auf 150 Schläge pro Minute, obwohl ich nur langsam spazieren wollte. Daran merke ich bereits, dass ich es nicht ganz leicht haben werde, mich an meine Vorgaben zu halten. Aber ich will mich auf keinen Fall überlasten. Schließlich habe ich nicht nur Verantwortung für mich selbst zu tragen, sondern gegenüber meiner Familie.
Insgesamt bleibe ich langsam. Daran ist auch eine kleine Verletzung schuld: Mein linkes Fußgelenk beginnt zu schmerzen, immer vor dem Abrollen und nur wenn ich über die Ferse laufe. Wenn ich die Vorfußtechnik anwende, verschwinden die Schmerzen. Etwa auf

halber Strecke fangen die Schmerzen an, doch ich kann nicht aufhören, schließlich entscheide ich mich dafür, zur Arbeit zu laufen. Ich schaffe die knapp sieben Kilometer und nachdem die Belastung zu Ende ist, lassen die Schmerzen sofort nach. Selbst bei erneuter Belastung spüre ich nichts mehr. Nur auf dem Heimweg macht sich mein linkes Fußgelenk wieder bemerkbar. Schlimm sind die Schmerzen nicht, aber sie sind eben da. Trotzdem – ich komme ohne größere Probleme zu Hause an und kann mich erholen. Eine Strecke von insgesamt fast 14 km habe ich zurückgelegt. Vielleicht doch etwas viel für den Anfang, zumindest in ungedämpften Freizeitschuhen. Morgen wäre ein Pausentag angebracht, aber das entscheide ich morgen früh.

Freitag, 23. November 2012

Ich fühle mich ausgeruht und voller Tatendrang. Da ich heute zuhause arbeite, lasse ich meine Radeinheit ausfallen. Lieber begleite ich später Sophie zum Eislaufen. Sie hat heute ihr erstes Einzeltraining. Danach haben wir noch Zeit, ein paar Runden gemeinsam auf dem Außenring zu drehen. Das ist ein leichtes Ausgleichstraining für mich.
Und heute Abend melde ich mich für den Berlin-Marathon an, denn gestern habe ich den Anmeldecode erhalten. Jipp!

Samstag, 24. November 2012

Heute früh war ich noch relativ unmotiviert, aber inzwischen habe ich Laufklamotten an und kann es kaum abwarten. Da ich meinen Maximalpuls für dieses Jahr noch nicht ermittelt habe, werde ich heute den Test dafür ins Training einbauen. Ich bin fit und ausgeruht, habe mich lange nicht ausgiebig belastet; kurz: Die Bedingungen sind optimal.

Der Maximalpuls ist der höchstmögliche Puls bei voller Belastung. Da er im Schnitt um einen Schlag pro Lebensjahr sinkt, macht es für mich Sinn, ihn vor Beginn einer neuen Laufsaison neu zu ermitteln. Er ist die wichtigste Bezugsgröße in meinem Training, wenn ich es nach der Herzfrequenz steuern will.

Verfahren:
Warmlaufen, mindestens 10 min
Tempo steigern, bis ich stark außer Atem bin, 5 min
Bergauf sprinten, 1 min
Maximalpuls ablesen
Auslaufen

Ich fühle mich wohl. Fast hatte ich vergessen, wie gut es meiner Seele tut, zu laufen. Aber ich habe auch ganz schön an Kondition eingebüßt. Schnell ist etwas anderes, könnte man sagen.

Beim Einlaufen liege ich noch bei einer Pace von gut 9:45 min/km, wenn ich mit 70% HFmax laufe. Nach dem HFmax-Test geht meine Durchschnittspace auf 10:25 min/km hoch, Puls: 132 bpm.

Der Test, um den Maximalpuls zu ermitteln, ist anstrengend, aber meine Motivation reicht, ihn bis zum Ende durchzuhalten.

Ergebnis: HFmax = 189

Zeit:	1:20:33
Distanz:	7,73 km
Puls:	132 bpm
Tempo:	10:25 min/km
Energie:	298 cal

Daraus ergeben sich meine persönlichen HF-Bereiche, in denen ich trainieren will:

Regeneration (unter 70%)	< 132 bpm
Dauerlauf (70–80%)	132–151 bpm
Tempolauf (80–85%)	151–161 bpm
Anaerobe Schwelle (85–90%)	161–170 bpm

Ich bin ganz zufrieden mit dem Ergebnis, wobei mir eine Pace von 10:25 min/km extrem langsam vorkommt. Aber das wird hoffentlich im Laufe der nächsten Wochen wieder besser. Ich will schließlich nicht ewig bloß herumtraben, sondern Marathon laufen, möglichst unter vier Stunden. Trotzdem, ich muss aufpassen, es nicht zu übertreiben, denn fehlende Kilometer kann man nicht einfach durch Tempotraining ersetzen. Gerade im Marathontraining ist Tiefstapeln das bessere Rezept.

„Von: info@scc-events.com
Betreff: 40. BMW Berlin-Marathon
Date: Sat., 24. Nov. 2012 15:49:19 + 0100 (CET)
An: Kerstin Lingemann

Sehr geehrte Frau Kerstin Lingemann,

Ihre Anmeldung ist bei uns eingegangen.
Sie sind wie folgt registriert:
Name: Kerstin Lingemann
Jahrgang: 1980
Veranstaltung: 40. BMW Berlin-Marathon
Wettkampf: 42-km-Lauf

Vielen Dank!

SCC Events GmbH"

17:30 Uhr
Ich fühle mich so erfrischt und lebendig, dass ich am liebsten gleich nochmal loslaufen möchte. Ich muss mich selbst zurückhalten. Vielleicht werde ich morgen abermals ein Läufchen machen, auch wenn es nicht auf dem Plan steht. Ich fühle mich einfach zu motiviert und der Lauf heute früh hat für eine solche Euphorie gesorgt, dass ich nicht genug kriegen kann.

Intuitiv würde ich sagen, ich sollte so lange auf der Welle reiten und das positive Gefühl genießen, bis es zu verblassen beginnt, um es dann wieder aufzufrischen. Mehr ist zurzeit auch nicht nötig.

Wie sich diese Euphorie äußert?
Ich könnte Luftsprünge machen. Ich fühle mich wie früher, als ich im Schwimmbad gerade Eintritt bezahlt hatte, in Gedanken aber schon längst mit dem Kopf unter Wasser war. Ich freue mich über Kleinigkeiten riesig, zum Beispiel über den Füller, mit dem ich diesen Abschnitt schreibe; den ich seit zwei Jahren besitze, ihn aber jetzt mit Augen betrachte, als sei er nagelneu und zum ersten Mal mit der Tinte des Königs gefüllt worden.

Außerdem bin ich hochmotiviert, alltägliche Verpflichtungen zu erledigen, die ich sonst nur als lästiges „Muss" empfinde. Ich habe tatsächlich große Lust, Wäsche zu waschen und die Wohnung zu saugen.

Auch die Kinder profitieren von meiner Hochstimmung: Ich habe erlaubt, dass Julius in Sophies Zimmer übernachten darf, auf der Gästematratze. Das ist dann fast so aufregend, als hätte jeder der beiden einen Schlafgast.

Sonntag, 25. November 2012

Ich kann es nicht abwarten, also laufe ich heute gleich noch mal, diesmal jeweils eine viertel Stunde in verschiedenen Intensitäten, so habe ich später den direkten Vergleich und kann sehen, ob ich mich verbessert habe.

15 min

10:09 km (5,9 km/h), 132 bpm (70% HFmax)
 8:50 km (6,8 km/h), 142 bpm (75% HFmax)
 8:25 km (7,1 km/h), 152 bpm (80% HFmax)
 6:18 km (9,5 km/h), 162 bpm (85% HFmax)

Würde ich heute einen Marathon laufen, käme ich nach ca. 4 h 25 min durchs Ziel.

Dienstag, 27. November 2012

Die Gebühr für den Startplatz beim Berlin-Marathon wurde abgebucht. Jetzt ist alles in trockenen Tüchern.

Mittwoch, 28. November 2012

Eigentlich hatte ich mir vorgenommen, nachmittags zu laufen, wie jeden Mittwoch, aber Oliver hat heute einen freien Tag, den verbringen wir gemütlich gemeinsam. Sophie geht mittwochs immer direkt vom Hort zum Chor; sie muss erst viertel nach fünf abgeholt werden. Und Julius muss erst vier Uhr aus dem Kindergarten geholt werden, weil mittwochs die Lese-Oma eine Geschichte vorliest. Das heißt: drei Stunden für uns – da verschiebe ich meine Laufstunde gerne auf den Abend.

18:00 Uhr
Es fällt mir nicht schwer, mich zum Laufen aufzuraffen, obwohl es draußen schon dunkel ist. Mein Ziel für heute sind 40 min mit 75% HFmax. Ich laufe los und muss mich gleich wieder bremsen. Bei 75% HFmax laufe ich 9:05 min/km, das sind rund 6,5 km/h. Das ist so langsam, dass ich gerade so joggen kann, bergauf gehe ich. Zwischendurch wechsle ich zum Walking. Es ist mir ein bisschen unangenehm, so langsam durch die Stadt zu laufen. Ich hoffe, dass mir keine Bekannten begegnen. Nach ein paar Minuten gewöhne ich mich an das langsame Tempo. Nur mit meinem Knie bin ich unsicher, das macht seit dem Marathon Ende Oktober Probleme. Nach längeren und stärkeren Belastungen schmerzt es rechts außen. Aber heute geht alles gut. Nur am Ende wird es ein wenig heiß. Ich denke nicht weiter darüber nach und laufe in meinem Fast-Geh-Tempo weiter. Kurz vor unserer Wohnung war ich nur 32 min unterwegs. Da ich aber die geplanten 40 min unbedingt einhalten will, nehme ich noch einen kleinen Umweg. Und so kurz vor zuhause kommt es natürlich, wie es kommen muss: ein bekanntes Gesicht! Ein Papa aus Julius' Kindergarten. Er steht ein paar Meter vor mir. Ich überlege, ob ich grüßen und weiterlaufen oder kurz anhalten soll; oder soll ich ihn vielleicht einfach ignorieren? Um die Straßenseite zu wechseln, ist es schon zu spät und ich schäme mich ein bisschen für mein langsames Trab-Tempo; eine Marathon-Läuferin, die beim Joggen fast stehen bleibt – wie uncool ist das denn? Doch im letzten Moment kommt die Rettung; er dreht sich zum Kofferraum seines Autos, ich lege einen Zahn zu und husche vorbei. Einfach konzentriert nach unten gucken, denke ich. Danach laufe ich entspannt nach Hause:

Bilanz:
40 min in 8:55 min/km
4,48 km; 142 bpm

Keine Knieschmerzen.

Sonntag, 2. Dezember 2012

Der hohe Puls vor dem Aufstehen ist ungewöhnlich. Aber ich bin auch nicht richtig ausgeruht. Und gestern war ich feiern: bei einer Pesto-Party; da gab es außer selbstgemachten Leckereien auch Liköre aus Eigenkreation. Ich glaube, daran liegt's. Jetzt hilft nur: viel Wasser trinken und beim Laufen langsam machen.

Heute wartet eine besondere Herausforderung auf mich. Warum? Es hat geschneit; und da die Temperatur über 0° C liegt, will ich los, bevor es anfängt zu tauen. Es dämmert, eine gute Zeit, um loszulaufen, aber erst muss ich noch einen Kaffee trinken.

7:45 Uhr
Ich schaue ein letztes Mal aus dem Fenster: Es rieselt ein bisschen. Es sind klitzekleine Schneekörnchen, die vom Himmel fallen, ich kann sie nur im Laternenschein erkennen. Ich hole lieber die Kapuze meiner Laufjacke aus dem Schrank. Sie ist schnell angebracht, dann gehe ich vor die Tür. Es ist kalt. Die Luft beißt zwar nicht, aber die Kälter durchdringt sofort meine dünnen Handschuhe und vor allem kühlen meine Zehen unter dem dünnen Stoff meiner Laufschuhe aus – jetzt schon, dabei bin ich noch nicht einmal losgelaufen.

Vor drei Jahren, als ich ans Laufen noch nicht einmal dachte, hätte mich bei DER Kälte und um DIE Uhrzeit kein Mensch auf die Straße gekriegt. Aber heute freue ich mich.

Als ich loslaufe, drossele ich gleich wieder mein Tempo. Ich bin bei 70% HFmax nicht besonders schnell – und ich will es heute auch nicht sein. Die Mischung aus Laufen und Walken tut mir einfach gut. Das ist wie eine Massage, besonders heute, da ich die Eindrücke des ersten Schnees in mich aufnehme. Doch es ist nicht nur das Wetter, es sind auch andere Rahmenbedingungen. Ich muss aufpassen, dass ich nicht ausrutsche. Außerdem herrscht schon relativ viel Betrieb auf der Straße. Ich sehe das orange Rundumlicht der Kehrmaschine, die die Straßen und Wege räumt. Auch einige Menschen sind schon auf den Beinen und schieben den Schnee von ihren Haustüren auf die Straße oder zu kleinen Häufchen am Wegrand zusammen. Ein Stück weiter entlang des Praunheimer Weges, die Europaschule im Rücken, steht ein Lieferwagen mit geöffneter Heckklappe; darin: lauter Säcke Streusalz. Wie im tiefsten Winter, denke ich.

Ein paar hundert Meter weiter, genau im Tal, kommen von rechts zwei Leute aus einem Hochhaus; eine Frau rutscht auf der Rampe für Rollstuhlfahrer aus. „Großer Gott!", ruft sie erschrocken. Ich drehe mich um; sie lacht, nichts passiert.

Den kleinen Anstieg bis zum Nordwestkrankenhaus walke ich. Das reicht, um meinen Puls auf 70% HFmax zu halten. Ich komme mir vor wie ein lahmer Esel. Hinter dem Krankenhaus biege ich links ab, laufe die Straße hinunter, an der Rückseite von „Schuch's Restaurant" vorbei. Normalerweise laufe ich um diese Uhrzeit in der Dämmerung von hier aus zurück über Praunheim nach Heddernheim; aber heute zieht es mich hinunter zur Nidda. Es ist schön hier, angenehm und ruhig, gar nicht unheimlich. Hin und wieder plätschert es am Ufer. Läufer kommen mir entgegen und ich überhole einige Hundebesitzer. Auf Höhe der Haltestelle Niddapark sehe ich zwei Schwäne im Wasser. Ich überlege: Habe ich jemals im Winter Schwäne gesehen?

Nun, es gibt für alles ein erstes Mal. Ich nehme die Schwäne gedanklich noch ein Stück mit, bis ich an Heddernheim vorbeilaufe. Hier geht der Asphaltweg über in Schotter. Darauf bleibt mehr Schnee liegen, wie eine richtige Winterlandschaft sieht es hier aus. Die Schneedecke ist zwar nur wenige Zentimeter dick, aber kein Schmutz, kein Grashalm lugt darunter hervor. Beim Laufen bleibt Schnee an meinen Schuhen haften, an den Fersen wird es nass und kalt. Hin und wieder stampfe ich etwas fester auf, um die Schneehäufchen wieder loszuwerden. Gleich danach finde ich wieder zu meinem Rhythmus. Hier an der Nidda ist es überall flach. Und im Schnee fällt es mir besonders leicht, gleichmäßig zu laufen. Das liegt an dem knirschenden Geräusch, das beim Traben entsteht. Es hört sich an wie eine Herde Pferde, die mich gleich überholen wird. Leider ist das Vergnügen doch recht schnell vorbei und ich laufe an der U-Bahn-Haltestelle Heddernheim vorbei, die Straße bergauf Richtung Riedberg. Es folgt ein etwas langweiliger Abschnitt durchs Industriegebiet, aber das sind bloß zehn Minuten, dann geht es gleich auf den Riedberg, die Gegend wird wieder wohnlicher und belebter. Im Bonifatiuspark rodeln einige Kinder über Gras und etwas Schnee einen Hügel hinab. Gleich bin ich oben, denke ich, dann werde ich mit einem schönen Blick auf die Skyline der Stadt belohnt. Nichts da! Vom Bergrücken aus kann ich höchstens bis zur nächsten Baustelle gucken. Hinter den Wolken und dem dichten Nebel lässt sich der Blick über die Stadt noch nicht einmal erahnen. Schade! Enttäuscht trabe ich weiter. Es sind höchstens zwanzig Minuten von hier bis nach Hause, aber das scheint mir jetzt zu viel. Mir ist kalt, meine Füße sind nass, meine Zehen sind schlecht durchblutet. Ich will nur noch heim. Ich denke an Oliver und die Kinder. Ob sie das Frühstück schon vorbereitet haben? Und haben sie mit dem Anzünden der ersten Kerze gewartet? Natürlich warten sie auf mich, denke ich, schließlich ist heute der erste Advent. Ich habe das Bedürfnis, schneller zu laufen, aber ich reiße mich über die letzten Kilometer noch zusammen. Nach dem Biologicum geht es sowieso nur noch bergab. Und als ich endlich am „Lahmen Esel" vorbeikomme, walke ich den Rest nach Hause. Ich muss an ein heißes Bad denken. Mir ist kalt. Jetzt will ich endlich nach Hause. Wie habe ich nur vergangenen Winter die dreistündigen Läufe geschafft? Egal, denke ich und lasse die Niederurseler Feuerwehr hinter mir. Noch während ich vom Gerhard-Hauptmann-Ring aus durch die Hochhäuser hinüber in den Weißkirchener Weg gehe, krame ich den Haustürschlüssel aus meiner Potasche. In Gedanken stecke ich ihn bereits ins Schlüsselloch, da höre ich Stimmen; vertraute Stimmen. Und tatsächlich, auf der Freifläche des Parkhausdaches spielen meine Kinder im Schnee. Eigentlich sehe ich nur einen rosafarbenen und einen blauen Schneeanzug, aber das sind meine Kids. Und Oliver ist auch dabei. Ein putziger Schneemann mit Hut und ein Rennschlitten mit Spiegeln sind bereits fertig. „Wie süß!", entfährt es mir und das darauffolgende „Mami!" meines Sohnes klingt mir noch in den Ohren. Ich umarme alle und gehe hoch in unsere Wohnung. Das Frühstück steht schon auf dem Tisch. Was für ein schöner Lauf-Morgen.

Mittwoch, 5. Dezember 2012

Ich bin Punkt fünf Uhr aufgestanden. Oliver hat mich geweckt, er fliegt heute nach Schweden.
Nach zwei Gläsern Wasser und einer Tasse Kaffee kann der Morgen beginnen. Sechs Uhr, Oliver ist weg, die Kinder schlafen noch. Das heißt, ich habe genug Zeit, meinen Tag zu planen, was nicht ganz einfach werden dürfte, denn es kommt heute mal wieder alles zusammen:

Ich bin allein mit den Kindern; Sophie muss zur Schule, Julius in die Kita und ich zur Arbeit
Morgen ist Nikolaustag und ich habe noch nichts vorbereitet, also muss ich noch einkaufen

Nach dem Einkaufen laufen?
Oder doch lieber vorher, direkt nach der Arbeit?
Julius singt im Gemeindehaus, das will ich erleben
Eigentlich ist heute so ein Tag, an dem ich keine Zeit zum Laufen habe. Das Laufen an sich wäre kein Problem, eher die Vor- und Nachbereitung: umziehen, duschen, ausruhen.
Ich könnte, statt mit dem Rad zur Arbeit zu fahren, laufen und nach Hause joggen. Ja, das mache ich. Da ich momentan nicht allzu schnell bin, kann ich sogar die Jeans anlassen; die muss eh in die Wäsche. Und mit dem Wetter habe ich heute Glück; es ist zwar kalt, aber trocken, und so soll es auch bleiben.
Diese Entscheidung war perfekt. Ich konnte sogar auf dem Hinweg zur Arbeit schneller sein, sodass ich heute Morgen schon mein Tagesziel erfüllt und es sogar übertroffen habe. Insgesamt bin ich 55 min bei 75% HFmax gelaufen. Wobei: Es war eher ein zügiges Walking. Und nach Hause habe ich einen schönen Spaziergang gemacht. Das hat einfach nur gutgetan, es ist das beste Regenerationstraining, das ich kenne.

Freitag, 14. Dezember 2012

Eigentlich stehen heute 45 Minuten Laufen auf dem Programm. Außerdem hatte ich mir vorgenommen, etwas schneller zu laufen. Aber nachdem ich mit dem Rad von der Arbeit nach Hause gefahren bin, war ich echt platt. Vielleicht von der gestrigen Tetanusimpfung? Heute lasse ich jedenfalls das Training ausfallen. Ich koche mir lieber etwas Leckeres!

Samstag, 15. Dezember 2012

Mein Ruhepuls liegt schon eine ganze Weile bei 66 Schlägen pro Minute. Das ist relativ hoch, wenn ich daran denke, dass er kurz vorm Marathon noch bei unter 50 lag. Da gibt es nur zwei Möglichkeiten: entweder ich bin krank oder untrainiert. Da ich mich gut fühle, gehe ich davon aus, dass es eher an dem doch eher gemütlichen Training liegt. Kein schneller Schritt seit dem Marathon. Ich merke auch, dass es langsam Zeit wird, mehr Intensität ins Training zu bringen. Und laut Plan ist diese Woche ein Tempotraining vorgesehen. Da ich gestern zu müde war, hole ich das heute nach.

Die Bedingungen sind nicht gerade ideal: Als ich das Haus verlasse, regnet es in Strömen. Aber es herrschen milde Temperaturen, die die miese Stimmung wieder etwas heben. Ich freue mich auf den Lauf. Endlich mal richtiges Laufen: kein Trotten, kein Walking, keine Gehpausen. Es läuft gut. Bald komme ich an den Punkt, an dem ich das Gefühl bekomme, stundenlang weiterlaufen zu können. Alles ist perfekt aufeinander abgestimmt: Schritte, Tempo, Atmung. Nur das Wetter macht mir heute einen Strich durch die Rechnung. Der Regen stört mich weniger, denn ich habe eine wasserabweisende Jacke mit Kapuze an. Aber die Tropfen auf meinen Brillengläsern nerven und das Wasser von unten – überall haben sich Rinnsale gebildet, die zudem Schlamm und Dreck mit sich spülen. Es lässt sich nicht vermeiden, hier und da in eine Pfütze zu springen, wenn ich das Tempo beibehalten will. Weiter vorne sehe ich einen Mann mit seinem Hund Gassi gehen. Er geht auf der trockeneren Seite. Rechts von ihm fließt ein kleiner Bach. Wenn ich da reintrete, werden meine Schuhe sicher voll Wasser laufen. Und auf dem Mittelstreifen des Weges klebt ein langer, dicker, dreckiger Eisklumpen. Es bleibt mir nichts anderes übrig, als mich auf der Seite des Mannes an ihm und seinem Hund vorbeizuschmuggeln. „Guten Morgen", grüße ich.

„Ist kein Vergnügen heute Morgen", erwidert er und spricht mir aus der Seele.

Als die Hälfte geschafft ist, lässt der Regen nach. Weiter unten verwandelt sich der Weg in einen Bach. Er ist, so weit ich das sehen kann, von Eis bedeckt. Nur rechts und links davon haben sich kleine, schmale Spurrinnen gebildet, aber die sind bis zur Eisschicht mit Wasser gefüllt. Rechts und links vom Weg: nichts als aufgeweichter Acker. Na gut, denke ich, Augen zu und durch. Spätestens jetzt quatscht bei jedem Schritt Wasser in meinen Schuhen. Tapfer laufe ich weiter. Vielleicht werde ich hinter der Autobahnbrücke noch mit einem schönen Blick auf die Stadt belohnt. Doch auch das ist heute kein schöner Anblick. Am Horizont verstecken sich einige helle Flecken hinter grauen Nebelschleiern. Von hier sieht es aus, als sei die Stadt in Feuer und Rauch gehüllt. An einem Kran baumelt eine Fahne lustlos hin und her. Das Ganze hat etwas von der Schlussszene eines Endzeitfilms. Bloß schnell nach Hause, raus aus den nassen Klamotten und … Muskel-Aktiv-Bad!

Bilanz nach 42 Minuten: 80% HFmax

Klatschnasse Schuhe und Füße
Durchweichte Klamotten
Moderate Anstrengung
Ausgeglichen und zufrieden

Sonntag, 16. Dezember 2012

Meine Motivation, heute einen längeren Lauf zu unternehmen, war nicht besonders hoch, zumal es draußen schon wieder nass und ungemütlich war. Zum Glück habe ich mich dennoch aufgerappelt. Schon nach wenigen Minuten war ich trotz miesem Wetter gut gelaunt. Und das Ergebnis nach zwei Stunden war auch nicht schlecht.

Distanz:	13,46 km
Tempo:	8:55 min/km
Puls:	132 bpm
Energie:	495 cal

Subjektives Empfinden:
sehr leichte Anstrengung, nach zwei Stunden nicht genug, aber keine Lust mehr, noch mal von zuhause wegzulaufen

Es war das erste Mal seit dem Marathon, dass ich mit 70% HFmax durchgängig gelaufen bin. Zwar war ich nicht besonders schnell, aber immerhin gut 1 min/km schneller als noch vor drei Wochen. Mit DEM Ergebnis bin ich bis jetzt zufrieden. Der Tempolauf gestern hat Wirkung gezeigt. Nächste Woche wiederhole ich noch mal den Plan von dieser Woche und dann ist schon wieder Weihnachten, da gönne ich mir eine Woche Pause.

Im Januar mache ich dann so weiter wie in dieser Woche, das heißt viermal Training plus Radfahren zur Arbeit. Und am 20.01.2013 laufe ich einen 10-km-Test, um zu sehen, wo ich leistungsmäßig stehe. Danach entscheide ich, ob ich mich auf den Halbmarathon im März vorbereite, und wenn ja, welche Zielzeit realistisch wäre. Denn wenn ich mitmachen will, sollte ich in der letzten Januarwoche mit der Vorbereitung anfangen.

Freitag, 21. Dezember 2012

Ich bin total mies drauf, ich fühle mich ausgenutzt und gestresst, habe das Gefühl, alles bleibt an mir hängen, ich habe null Bock auf Hausarbeit und sonstige Pflichten. Ich weiß, dass Laufen hilft, aber in einem solchen Gefühlschaos fällt es mir besonders schwer, mich aufzuraffen. Lieber würde ich mich verkrümeln und irgendwo den Kopf in den Sand stecken. Ich tue es trotzdem: Laufen.

Zeit:	42 min
Distanz:	6,44 km mit 6:38 min/km
Puls:	162 (85% HFmax)
Energie:	317 cal

Das schnellere Tempo hat dafür gesorgt, dass ich meine Sorgen abgeschüttelt habe. Jetzt will ich mich nur noch ausruhen.
Das Gute ist: Seit drei Wochen laufe ich durchschnittlich wieder 30 km pro Woche, dazu mit dem Rad zur Arbeit. Für Sonntag plane ich einen letzten längeren Lauf, danach eine Woche Pause. Im Januar geht's dann weiter wie in dieser Woche, dabei wird sich hoffentlich mein Tempo verbessern und ich werde somit auch die Kilometerumfänge steigern. Wenn ich im März einen schnellen Halbmarathon laufen will, sollte ich wieder auf 50 bis 60 Kilometer pro Woche kommen. Aber bis dahin ist noch Zeit.

Montag, 31. Dezember 2012

Sylvester, 15:03 Uhr. Nach einer Woche Pause fühle ich mich gut erholt und regeneriert. Ein bisschen fehlt mir das Laufen. Und eigentlich stünde heute laut Trainingsplan eine halbe Stunde langsames Jogging auf dem Programm. Aber das schaffe ich heute nicht. Gerade eben bin ich erst mit den Vorbereitungen für den Sylvesterabend fertiggeworden. Vorher habe ich den ganzen Tag in der Küche gestanden. Der Kleine braucht mich auch. Er liegt krank auf dem Sofa. Der Arme ist ganz blass. Ich kümmere mich lieber um ihn, das Laufen muss warten bis Mittwoch (02.01.2013).

Samstag, 12. Januar 2013

Ich habe nun schon eine ganze Weile keinen einzigen Schritt mehr gemacht. Mir fehlt der innere Antrieb. Und auch heute möchte ich mich lieber ausruhen. Ich habe Kopfweh und bin müde. Außerdem bin ich alleine zuhause und könnte wunderbar die Ruhe genießen. Meinem Knie tut die längere Pause sicher auch gut. Und trotzdem: Wirklich gut geht es mir ohne Laufen auch nicht. Ich ziehe mich einfach mal um, eine halbe Stunde werde ich mir wohl abringen können.

Okay – es war wirklich nur eine halbe Stunde. Die kalte, frische Luft hat verdammt gutgetan. Nur mein rechtes Knie schmerzt wieder, zwar nur leicht, aber länger als eine halbe Stunde wäre zu viel gewesen. Das muss ich noch schonen.

Samstag, 19. Januar 2013

Es ist Samstag, 8:15 Uhr. Nach einer Woche Zwangspause, weil ich krank war, kann ich heute Morgen nicht anders. Es zieht mich einfach nur raus. Ich brauche mal wieder einen körperlichen Ausgleich. Ich will einfach nur laufen und ein bisschen für mich sein. Die Uhr werde ich nicht brauchen. Aber ich nehme sie trotzdem mit, einfach weil ich neugierig bin, wie weit und wie schnell ich am Ende bin, wenn ich einfach nur aus Lust und ohne Ziel laufe. Schließlich hat die Uhr auch eine einfache Zeitanzeige. Ich freue mich.

Es ist herrlich: die kalte Luft, die Bewegung, das Frei-im-Kopf-Sein – ich bin ein ganz anderer Mensch; voller Tatendrang und Energie. Ich bin losgelaufen, ohne nachzudenken. Dabei ist mir gar nicht aufgefallen, wie glatt es im Feld ist. Ich bin bis jetzt nicht gerutscht beim Laufen. Erst als ich es bewusst ausprobiere, fällt mir auf, dass man auf Schnee schnell ausgleitet. Wie ein kleines Kind, das eben erst das Eis entdeckt, schlittere ich den Weg entlang. Anlauf nehmen und loslassen – tschhh... Und noch mal und noch mal. Insgesamt bin ich relativ langsam, zumindest kommt es mir so vor. Also sprinte ich am Ende kurz bergauf die Brücke hoch, das befreit mich noch mal so richtig.

Distanz:	4,63 km in 32:12 min
Tempo:	6:57 min/km
Puls:	161 bpm

Der Puls war recht hoch, damit hätte ich nicht gerechnet.

Sonntag, 27. Januar 2013

Ich erinnere mich kaum noch daran, wann ich das letzte Mal gelaufen bin. Es war am Montag eine halbe Stunde. Fast nichts. Es war mir einfach zu kalt und zu ungemütlich draußen. Aber heute zeigt das Thermometer 2° C. Da kann ich einmal die etwas größere Runde in Angriff nehmen.

Montag, 28. Januar 2013

Zurzeit habe ich das Gefühl, ich komme nicht zum Laufen. Sophie geht jetzt manchmal dreimal pro Woche zum Eiskunstlauftraining. Julius muss zum Fußballtraining gebracht werden, Oliver ist an zwei Abenden pro Woche selbst beim Training (da fehlt mir der Babysitter) und inzwischen habe ich mir angewöhnt, abends zu schreiben. Morgens vor der Arbeit habe ich noch keine rechte Lust; nicht, so lange es draußen noch dunkel ist. So kann ich eigentlich nur Mittwochnachmittag einplanen und einen längeren Lauf am Wochenende machen. Wie ich so den Berlin-Marathon schaffen soll, ist mir schleierhaft. Schließlich habe ich dazu noch einen Job und aufs Schreiben will ich auch nicht verzichten. Puh, gerade bleibt mir nur, mich selbst zu bedauern. Aber auch so komme ich nicht weiter. Berlin ade? Nein, auf keinen Fall, dann brauche ich eben für die 42,195 km eine Stunde länger. Und in erster Linie laufe ich für mein Wohlbefinden. Jetzt (20:50 Uhr) zu laufen würde mir gut tun. Aber ist es nicht schon ein bisschen spät? Morgen wird ein anstrengender Tag werden (Arbeit, Eislaufen, Elternabend im Hort) und wenn ich unausgeschlafen bin, dann fühle ich mich nicht wohl. Aber Oliver hat vorhin vorgeschlagen, eine Runde mit mir zu joggen. Das werden wir jetzt noch machen. Also, vergiss die Ausreden. Ich ziehe mich um.

Zeit: 27 min
Distanz: 3,8 km
Puls: 153 bpm

Das hat einfach nur gutgetan. Am besten hat mir das Laufen in Gesellschaft gefallen. Da macht es echt doppelt so viel Spaß. Jetzt bin ich ausgeglichen und motiviert für morgen.

Freitag, 1. Februar 2013

Eigentlich habe ich nur wenig Lust, das Haus zu verlassen. Das Thermometer zeigt nur 6° C und es regnet. Aber es macht mir nichts aus. Das Schöne am Laufen ist ja, dass einem so schnell warm wird. Und der Regen stört mich heute auch nicht, nur die Tropfen auf der Brille schränken meinen Blick etwas ein. Am Ende bin ich einfach nur froh, dass ich rausgegangen bin.

Zeit:	37:29 min
Distanz:	4,87 km
Tempo:	7:41 min/km
Puls:	154 bpm

Sonntag, 3. Februar 2013

5:36 Uhr
Nach zwei Tassen Kaffee, kommt mir das Laufen in den Sinn. Ich hätte Zeit. *Jetzt* hätte ich Zeit, denn später wird die Gelegenheit verstrichen sein. Wir wollen nach Freudenthal zu Olivers Papa fahren. Da wird es sicher spät werden heute Abend. Es liegt also nahe, die Gunst der Stunde zu nutzen.

Wenn doch nur der innere Schweinehund nicht wäre.

Es ist dunkel und kalt draußen; nicht gerade ideale Bedingungen. Ich weiß nur: Es wird mir verdammt gutgehen, anschließend. Und genau das ist das Problem: anschließend. Ich hätte gerne jetzt das Hochgefühl, am liebsten ohne etwas dafür tun zu müssen. Aber der Gedanke an gute Laune motiviert mich nun doch.

Um meine Motivation ein bisschen zu steigern, habe ich mir eine App heruntergeladen. Die ersetzt zwar keinesfalls meine Pulsuhr mit GPS, aber der Spaß daran motiviert mich heute sehr. Ich will sehen, ob ich mit ihr die gleichen Ergebnisse erziele wie auf meinem Laufcomputer.

6:00 Uhr – los geht's!

Das Laufen mit der App ist echt motivierend. Auf dem großen Handydisplay lassen sich alle Daten perfekt ablesen und ich kann trotzdem bequem weiterlaufen. Nach knapp einem Kilometer allerdings läuft nur noch die Zeit; Geschwindigkeits- und Kilometerangaben stehen still. Das ärgert mich, bis ich feststelle, dass mein Handy den Akkuschonmodus aktiviert hat. Nachdem ich das korrigiert habe, läuft alles normal weiter. Am Ende komme ich auf ähnliche Ergebnisse wie mit der Pulsuhr.

Was mir an der App gefällt, ist die Anzeige der Temperatur und des subjektiven Empfindens nach dem Speichern. Optisch ist das alles sehr ansprechend gestaltet. Der Nachteil ist, dass ich erst das Handy aus der Tasche kramen muss, um meine Daten während der Aktivität zu kontrollieren. Außerdem bin ich doch sehr enttäuscht über die Diskrepanz bei der Anzeige des Kalorienverbrauchs: 823 cal (App) im Vergleich mit 447 cal (Pulsuhr) ist ein deutlicher Unterschied. Da vertraue ich lieber meiner Pulsuhr. Wie auch immer – es ist jetzt 8:50 Uhr und Frühstück habe ich mir so oder so verdient.

Samstag, 9. Februar 2013

Gerade hat mich die Lust am Laufen gepackt. Das Gefühl ist anders als sonst – intensiver!
Bis jetzt war mein Training mehr schlecht als recht. Ich war oft erkältet, hatte wenig Lust, habe keine Regelmäßigkeit entwickelt. Aber

heute … es ist wieder da: mein Ziel vor Augen. Ich will Marathon laufen!

Und ausgerechnet dieses Wochenende habe ich keine Zeit fürs Training. Aber Sophies Geburtstag ist wichtiger. Und der Besuch bei meiner neugeborenen Nichte am Sonntag auch.

Sonntag, 10. Februar 2013

5:50 Uhr
Heute kann ich nicht anders. Nachdem ich schon um halb sechs wach war und nicht mehr einschlafen konnte, denke ich an nichts anderes als ans Laufen. Ich war die ganze Woche erkältet und momentan ist die Zeit knapp, weil ich zu viele andere Verpflichtungen habe. Trotzdem will ich raus, ich muss diese Grundanspannung loswerden, die sonst entstünde. Außerdem sehe ich mich im Kopf Marathon laufen. Den werde ich sicher nicht durchhalten, wenn ich nur einmal pro Woche 10 km laufe. Und mehr mache ich momentan nicht. Daran muss sich etwas ändern. Ich muss wieder mehr Regelmäßigkeit ins Training bringen.
Letztes Jahr um diese Zeit hat das besser geklappt. Da hatte ich schon den Rennsteiglauf vor Augen. Dieses Jahr fehlt mir die Motivation, weil ich mich nicht auf einen Wettbewerb vorbereite. Momentan schrecken mich noch die Kälte und die Dunkelheit ab. Aber ich weiß, dass ich motivierter wäre, wenn ich einen Volkslauf vor mir hätte. Mitte April findet der Feldberglauf statt, daran wollte ich schon immer einmal teilnehmen. Und Ende April gibt es in Wiesbaden-Naurod wieder einen Halbmarathon. Das sind zwei anspruchsvolle Herausforderungen. Und mich hat einfach diese Lust wieder gepackt.

7:08 Uhr

„Huch, schon wieder da?", fragt Oliver.

„Ja. Mir war unheimlich zumute. Da bin ich nach der ersten Runde ums Nordwestzentrum wieder nach Hause."

Ich nutze lieber die Zeit, wenn die Kinder noch schlafen, um mir einen Trainingsplan zusammenzustellen. In der halben Stunde, die ich gelaufen bin, habe ich mir Gedanken darüber gemacht, wie ich wieder ins Training kommen will.

Jetzt habe ich mir „Das große Laufbuch" von Herbert Steffny aus dem Regal geholt und kopiere mir daraus einen Halbmarathon-Laufplan. Den nehme ich als Grundlage, um mich auf den Halbmarathon in Wiesbaden vorzubereiten, und modifiziere ihn ein bisschen nach meinen Bedürfnissen.

Distanz:	4 km
Zeit:	36:08 min
Puls:	139 bpm
Tempo:	9:02 min/km

Nach dem Lauf bin ich noch in den Keller gegangen, um die Wäsche abzuhängen: Dehnübungen, während ich Socken umgedreht und Strumpfhosen zusammengedreht habe. Das war mal was Neues!

Mittwoch, 13. Februar 2013

14:15 Uhr

Ich habe die Laufklamotten schon an. Draußen scheint die Sonne. Alles in allem ein vermeintlich guter Tag zum Laufen. Wenn nur diese verdammte Kälte nicht wäre.

-1° C: Darauf habe ich keine Lust.

Alles, was mich heute antreibt, ist der Halbmarathon Ende April. Wenn ich den in einer guten Zeit schaffen will, muss ich langsam wieder Regelmäßigkeit ins Training bringen. Deshalb gehe ich jetzt trotz Kälte raus. Ich weiß, es wird mir guttun.

Zeit:	40 min
Distanz:	4,18 km
Puls:	133 bpm

Dienstag, 19. Februar 2013

In den letzten drei Wochen laufe ich wieder mehr. Meine Wochenkilometer haben sich wie von selbst von unter zehn auf über zehn erhöht. Es wird Zeit, die Umfänge zu steigern, vor allem, wenn ich Ende April am Halbmarathon teilnehmen will.
Für heute hatte ich mir vorgenommen zu laufen. Ich habe etwas mehr Zeit als sonst und plante daher einen längeren Lauf. Zwei Stunden sollten es sein. Aber jetzt hatte ich den Kopf so voll, dass ich gar nicht wusste, wie ich das schaffen soll. Ich muss noch Kuchen backen für Julius' Geburtstagsfeier im Kindergarten. Dafür hatte ich grob zwei Stunden eingeplant. Aber beim Abzählen der Zutaten fehlten mir zwei Eier – arrgh! Da ich die Butter bereits mit dem Zucker schaumig geschlagen hatte, konnte ich an der Teigmenge nichts mehr ändern. Also blieb mir nichts weiter übrig, als im Supermarkt Eier zu kaufen. Und wenn ich mir die Mühe einmal mache, kaufe ich doch gleich noch andere Kleinigkeiten ein. Das kostet Zeit; Zeit, die mir zum Laufen fehlt, zumal mir jetzt noch andere Probleme dazwischenkommen. Ich gehe mit dreckigen Schuhen noch einmal in die Küche, dabei fällt mir der getrocknete Dreck aus dem dicken Profil der Schuhe. Das heißt, ich muss auch noch fegen. Während ich fege, fällt mir der Wäschekorb auf, der

immer noch nicht ausgeräumt ist. Und zwischendurch klingelt das Telefon. Super!

Ich atme tief durch und beschließe, alles liegen zu lassen. Backen, dann laufen und nach mir die Sintflut. Allerdings setze ich mir ein neues Ziel. Statt zwei Stunden langsamen Dauerlaufs beschließe ich einen auspowernden 10-km-Lauf. Der ist besser geeignet, meinen Stress abzubauen. Ich habe sowieso schon lange keinen richtigen Tempolauf mehr gemacht. Also schiebe ich das letzte Blech Kuchen am Stiel in den Backofen und ziehe mich während des Backvorgangs um.

Der kurze Lauf hat einen entscheidenden Vorteil: Ich werde später nicht so gestresst sein, wenn ich mit Sophie und Julius zum Training in die Eissporthalle fahre, weil ich vorher genug Zeit haben werde, mich zu erholen. Den Zwei-Stunden-Lauf kann ich vielleicht morgen nachholen.

Distanz:	10,00 km
Zeit:	58:46 min
Tempo:	5:53 min/km
Puls:	179 bpm
Energie:	507 cal

Das war klasse! Es hat dicke Flocken geschneit, die mir teilweise die Sicht genommen haben, der Weg war nass und rutschig, aber das war mir alles egal. Es war herrlich, mal wieder Gas zu geben. Wenn ich bald wieder einen Wettbewerb laufe, habe ich keine Lust, ewig unterwegs zu sein. Ein Halbmarathon unter zwei Stunden sollte zu schaffen sein. Das klappt noch nicht ganz. Rein rechnerisch könnte ich einen Halbmarathon in 2:10 h schaffen.

Das scheint mir relativ langsam zu sein, vor allem wenn ich bedenke, dass ich den Halbmarathon vor zwei Jahren schon einmal in 1:47:59 h gelaufen bin.

Aber von nichts kommt eben auch nichts. Und da ich diesen Winter nur sehr wenig trainiert habe (ca. 7 km/Woche), muss ich mich nicht wundern.

Ich will wieder schneller werden und mehr und weiter laufen. Es wird langsam Zeit, dass ich wieder wochenweise denke, statt hin und wieder mal einen Lauftag einzulegen. 40 bis 50 km/Woche sollten es schon werden.

Mittwoch, 20. Februar 2013

Der schnelle Lauf gestern hat mir insgesamt gutgetan, aber heute schmerzt mein Knie wieder beim Laufen. Aus dem Zwei-Stunden-Lauf wird so nichts. Aber ich will auch auf nichts verzichten. Also entscheide ich mich für einen langen Spaziergang in zügigem Tempo.

Ich komme immerhin auf 11,2 km in 1:46:30 h bei einem durchschnittlichen Puls von 120 bpm.
Mein Tempo lag bei 9:31 min/km.
Wenn ich bedenke, dass ich am 25. November 2012 bei 10:09 min/km einen Puls von 132 bpm hatte, ist das eine ganz ordentliche Verbesserung. Langsam nehme ich wieder Fahrt auf. Im Moment ist davon nur leider wenig zu spüren. Der lange Aufenthalt draußen ohne großartige Anstrengung lässt mich frieren. Mir ist immer noch kalt, deshalb gönne ich mir ein heißes Muskelbad. Das wird mich wärmen und entspannen.

Mittwoch, 27. Februar 2013

Nachdem ich nun wieder eine Regelmäßigkeit ins Training bekommen habe, will ich mehr. Ich möchte schneller werden, länger laufen und vor allem endlich wieder einen Wettbewerb mitmachen. Ich brauche die Bewegung. Heute bin ich 1,5 Stunden gelaufen und es soll ab morgen wärmer werden. Deshalb lege ich jetzt den Trainingsplan für den Halbmarathon Ende April in Wiesbaden-Naurod fest. Da ich nächste Woche zur Kur fahre, bleibt mir dieses Wochenende, um noch einmal einen 10-km-Testlauf zu machen, nach dem ich meine Zielzeit und das Trainingstempo festlegen werde. Ich kann es kaum abwarten. Mein Plan sieht folgendermaßen aus:

Halbmarathon-Trainingsplan

03. März: 10-km-Testlauf

Zielzeit (10-km-Zeit x 2,21):

HM-Tempo: 10-km-Tempo:

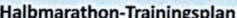

1. Woche KW 12 (50 km)

Tag	Plan	km
Mo	DL 60 min (75% HFmax)	10
Di		
Mi	3x 2000m in HM-Tempo	11
Do		
Fr	Tempolauf 7km (85% HFmax)	12
Sa		
So	langsamer DL 110 min (70%HFmax)	17

4. Woche KW 15 (40 km)

Tag	Plan	km
Mo	DL 50 min (75% HFmax)	8
Di		
Mi	5x 1000m in 10-km-Tempo	12
Do		
Fr		
Sa	Jogging 30 min (70% HFmax)	4
So	**Feldberglauf** (10-km-Testrennen)	16

2. Woche KW 13 (51 km)

Tag	Plan	km
Mo	DL 60 min (75% HFmax)	10
Di		
Mi	4x 1000m in 10km-Tempo	11
Do		
Fr	Tempolauf 7km (85% HFmax)	12
Sa		
So	langsamer DL 120 min (70%HFmax)	18

5. Woche KW 16 (48 km)

Tag	Plan	km
Mo	Jogging 70 min (70% HFmax)	10
Di		
Mi	DL 70 min (75% HFmax)	11
Do		
Fr		12
Sa	Langsamer DL 120min (70%HFmax)	18
So	Jogging 60 min (70% HFmax)	9

3. Woche KW 14 (55 km)

Tag	Plan	km
Mo	DL 60 min (75% HFmax)	10
Di		
Mi	4x 2000m in HM-Tempo	13
Do		
Fr	Tempolauf 7km (85% HFmax)	12
Sa		
So	langsamer DL 135 min (70%HFmax)	20

6. Woche KW 17 (50 km)

Tag	Plan	km
Mo	4x 2000m in HM-Tempo	13
Di		
Mi	Jogging 50 min (70% HFmax)	8
Do		
Fr		
Sa	Jogging 30 min (70% HFmax)	10
So	**Halbmarathon Wiesbaden**	25

Montag, 11. März 2013

Zeit: 40 min
Distanz: 3,37 km
Puls: 116 bpm

Dienstag, 12. März 2013

Es hat geschneit. Da weiche ich heute ausnahmsweise auf den Ellipsentrainer im Fitnessraum aus.
2 h 06 min
Puls: 145 bpm
Das entspricht etwa 20 km Bergauf-Radfahren
Davon 2 x 2000 m schnell (mit einem HM-Puls)

Da ich nächste Woche mit dem Training für den Halbmarathon beginnen möchte, müsste ich diese Woche auf ca. 45 km kommen. Mal schauen, ob ich damit noch im Rahmen bin. Die Empfehlung dafür in meinem „Großen Laufbuch" von Herbert Steffny lautet: Nicht mehr als 10% Steigerung pro Woche. Vorletzte Woche bin ich nur auf 23 km gekommen, letzte Woche auf 28 km.
Von 28 km auf 45 km wäre eine Steigerung um ca. 60%. Das ist eigentlich viel zu viel. Da ich aber momentan nicht mit dem Rad zur Arbeit fahre und somit ca. 75 km/Woche wegfallen, gehe ich das Risiko ein. Ein oder zwei lange Einheiten ersetze ich durch Ellipsentraining, dadurch wird das Herz-Kreislauf-System belastet und die Belastung für Muskeln und Gelenke ist nicht so hoch.
Außerdem nehme ich zur Kräftigung noch Bauch-Beine-Po und Pilates hinzu. Dann kann ich nächste Woche wie geplant mit dem gezielten Halbmarathon-Training beginnen. Ich bin so motiviert!

Freitag, 22. März 2013

Oliver hat mir ein Laufmagazin geschenkt. Auf den ersten Blick fallen mir drei Schlagzeilen ins Auge:

„Verlosung 40. Berlin-Marathon"
„Extra: Trainingsplan Halbmarathon"
„Vorsicht Übertraining"

Im ersten Moment bin ich überglücklich, meinen Startplatz für den Berlin-Marathon sicher zu haben. An einer Verlosung muss ich also nicht teilnehmen. Und auch keine teure Reise mit Startplatz buchen. Den Trainingsplan für meinen nächsten Halbmarathon habe ich auch schon fertig.

Und Übertraining beuge ich momentan vor, indem ich diese erste Woche der Vorbereitung auf den Halbmarathon, der Ende April stattfinden wird, auf dem Crosstrainer absolviere, bevor ich nächste Woche wieder auf Asphalt renne.

Mittwoch, 27. März 2013

Heute ist Trainingstag, geplant habe ich 3 x 1000 m schnell.
Aber ich habe Kopfschmerzen und komme vor lauter Wäsche waschen zu nichts anderem. Außerdem ist der Kühlschrank leer, meine Improvisation reicht gerade noch für eine halbe Portion Pfannkuchen. Oliver kommt erst in der Dämmerung nach Hause und meine Kopfschmerzen werden schlimmer. Das wird heute nichts mehr mit dem Training. Ich gönne mir ein Wachholderbad und lege mich ins Bett, sobald die Kinder schlafen.

Karfreitag, 29. März 2013

Es ist kalt und ungemütlich draußen, windig mit Schneefall. Sophie und Julius malen Osterkarten aus, Oliver ist mit dem Rad unterwegs und ich koche Kartoffeln mit grüner Soße. Beim Essen äußert Sophie den Wunsch, ins Schwimmbad zu gehen. Nach einigem Hin und Her entscheiden wir uns dafür. Im Radio höre ich, dass einige Hartgesottene tatsächlich die Freibadsaison (bei 1° C!!!) eröffnet haben. Statt bei Schneefall im Wannsee zu baden, bevorzuge ich das warme Hallenbad. Und eine Stunde Schwimmen statt Laufen gefällt mir richtig gut.

Freitag, 5. April 2013

Es war ein turbulenter Tag. Auf der Arbeit ging es rund, nachmittags hatte Julius keine Lust, zum Fußballtraining zu gehen, und Sophie blieb zuhause und wollte mit mir fernsehen.
Gegen sechs Uhr kam Oliver mit Julius vom Training zurück. Ich war so genervt, dass ich noch in den Drogeriemarkt gefahren bin. Für morgen Nachmittag haben wir Freunde eingeladen, dann werde ich nicht zum Laufen kommen. Und heute wird es auch nichts mehr. Ich bin zu kaputt und müde. Noch nicht einmal der Gedanke an eine schnelle Zeit unter zwei Stunden beim Halbmarathon kann mich motivieren. Ein schlechtes Gewissen muss ich trotzdem nicht haben, schließlich bin ich diese Woche jeden Tag mit dem Rad zur Arbeit gefahren.

Donnerstag, 11. April 2013

Der Feldberglauf fällt aus.

Die erste E-Mail des Tages, die ich lese, stammt von einer Arbeitskollegin, die ebenfalls läuft: Der Feldberglauf fällt aus. Grund ist das schlechte Wetter, der Weg von Oberursel auf den Feldberg ist teilweise vereist. Es wäre zu gefährlich, die Veranstaltung trotzdem durchzuführen. Die Sicherheit der Läufer geht vor, das verstehe ich. Und wenn ich ehrlich bin, kommt mir das sogar gelegen. Ich werde die Zeit am Wochenende lieber für einen weiteren langen Lauf nutzen.

Dienstag, 16. April 2013

Es war ein langer, kalter Winter, aber am Wochenende ist der Frühling eingekehrt. Es grünt und blüht draußen. Plötzlich. Alles auf einmal. Und so schnell und stürmisch wie sich dieses Jahr der Frühling einstellt, blüht auch meine Motivation zum Laufen auf. Es ist kurz nach Mittag, als ich aufbreche. Ich habe meinen Plan etwas umgeworfen: Ich laufe, wenn ich Lust habe. Und heute habe ich große Lust.
Ich laufe mit knielanger Hose und trage unter meinem Shirt kein Unterhemd. Da fühle ich mich frei und gleich ein paar Sekunden schneller, als ich tatsächlich bin. Ich spüre beim Laufen, wie der Ehrgeiz in mir wächst, schneller zu werden.

Dienstag, 23. April 2013

Heute entscheide ich mich kurzerhand, nicht mit dem Rad zur Arbeit zu fahren, sondern zu laufen. Es ist angenehmes Wetter, Oliver fährt sowieso mit dem Auto und wir sind früh genug dran. So komme ich gleich zu einem effektiven Grundlagentraining. Außerdem fühle ich mich nach dem schnellen Spaziergang ausgeruht und frisch.

Samstag, 27. April 2013 - HM Wiesbaden

Halbmarathon Wiesbaden Naurod

Ich stehe sechs Uhr morgens auf, in der festen Überzeugung, dass mein Lauf punkt zehn Uhr beginnt. Also frühstücke ich um halb acht und Oliver kümmert sich um die Kinder. Wir wollen alle zusammen kurz nach acht los.

Doch dann fällt mir auf, dass der Lauf erst 14:30 Uhr beginnt. Ich weiß nicht, wie ich auf zehn Uhr gekommen bin, es war nur eine Vermutung. Aber wenn der Start erst um halb drei stattfindet, dann haben wir ein mittleres Problem, denn Oliver muss um 15 Uhr in Groß-Gerau sin. Er hat sich bei einer Skate-Veranstaltung als Helfer verpflichtet.

Meine Laune ist dahin. Wir müssen uns umorganisieren. Meinen Lauf werde ich heute zum ersten Mal ohne meine Familie bestreiten müssen. Und anschließend muss ich auch noch, bei der Kälte, mit Bus und Bahn nach Hause fahren. Das wird was werden.

Ausgerechnet heute herrscht mieses Wetter. Die ganze Woche war es schön frühlingshaft sonnig und warm. Heute haben wir gerade mal 6° C und Regen. Da es gestern Nachmittag auch schon geregnet hat, wird die Strecke in Wiesbaden ziemlich matschig sein.

Ich denke kurz darüber nach, den Lauf nicht mitzumachen und mir stattdessen einen anderen auszusuchen. Aber das kommt nicht in Frage.

Wir fahren halb elf los und essen in Wiesbaden noch Kuchen und Würstchen zusammen, bevor Oliver sich mit den Kindern auf nach Groß-Gerau macht.

Dann stehe ich da, allein, bei Regen und Kälte. Trotzdem, ich bin ja nicht die Einzige, die heute läuft. Dennoch ist das Läuferfeld klein und übersichtlich. Es sind gerade 129 Läufer und Läuferinnen am Start. Da wird es schwer werden, das richtige Tempo zu finden.

Mein Ziel ist, unter zwei Stunden zu bleiben. Vor zwei Jahren hatte ich die gleiche Strecke in 2:01:17 h geschafft. Das will ich unterbieten. Aber ich weiß auch, dass ich nicht so gut trainiert bin wie vor zwei Jahren. Ich schätze mein Ergebnis realistisch auf 2:05 h. Ich reihe mich also recht weit hinten im Feld ein. Nach dem Startschuss läuft es zunächst gut. Ich fühle mich fit und laufe nicht zu schnell. Als ich allerdings vor mir das Feld davonrennen sehe, lege ich lieber doch einen Zahn zu. Zur Sicherheit drehe ich mich noch einmal um. Die Läufer, die nach mir kommen, kann ich an meinen beiden Händen abzählen. Ich bin frustriert.

Da ich weiß, dass es bis Kilometer fünf nur bergauf geht, zwinge ich mich, langsam zu laufen. Aber als es bergab geht, ist mein Ehrgeiz zu groß, ich überhole zwei Läufer vor mir und versuche Anschluss zu finden an eine größere Gruppe vor mir. Der nächste Hügel macht mir aber einen Strich durch die Rechnung. Bei Kilometer 17 werde ich von hinten überholt. Das frustriert mich noch mehr. Als ich dann auch noch Notdurft verrichten muss, ist mein Siegeswille völlig gebrochen. Ich überlege sogar aufzugeben. Aber wo soll ich hin mitten im Wald? Es bleibt, so oder so, nur, ins Ziel zu laufen.

Mir ist kalt, ich bin von unten bis oben voller Matschspritzer und die Dreckklumpen an meinen Schuhen sind so dick, dass man nicht mehr erkennen kann, welche Farbe meine Schuhe haben. Es hat die ganze Zeit geregnet, ich bin nass und durchgefroren.

Hinter mir höre ich noch Schritte, aber viele Läufer können es nicht mehr sein. Ich vermeide es, mich umzudrehen, genauso wie ich es vermeide, auf die Uhr zu sehen. Meine Zielzeit ist sicher längst überschritten. Mit meiner Kraft am Ende, bin ich den Tränen nahe. Vor zwei Jahren bin ich diesen Halbmarathon in etwas mehr als zwei Stunden gelaufen, meine Bestzeit über diese Distanz beträgt auf gerader Strecke 1:47:50 h – und heute bin ich so lahm wie ein Esel. Das gibt es doch nicht. Nach 2:11:51 h komme ich durchs Ziel, als Letzte in meiner Altersklasse und als Sechste von hinten. Immerhin bin ich nur die Drittletzte in der Wertung aller Frauen.

Ein kleiner Trost. Zum Glück ist es so spät geworden, dass Oliver mich wenigstens abholen kann. Ich muss nur mit dem Bus zum Bahnhof in Wiesbaden fahren, dort sammelt er mich ein. Im Auto kann ich endlich meinen Gefühlen freien Lauf lassen. Ich kann meine Enttäuschung, Letzte geworden zu sein, nicht zurückhalten, und breche in Tränen aus. Oliver und die Kinder trösten mich, obwohl sie auch alle frieren und einen anstrengenden Tag hinter sich haben. Die Liebe meiner Familie ist wie Balsam auf meiner Seele.

Als wir zuhause ankommen, ist es halb acht. Eigentlich will ich mich nur noch hinlegen und ausruhen. Aber meiner Verantwortung als Mutter kann ich mich nicht entziehen. Julius hustet und benötigt meine Zuwendung. Sophie ist so durchgefroren, dass sie ein heißes Bad braucht. *Ich will schlafen.* Ich schicke Oliver in die Apotheke und zum Supermarkt, während ich Sophie Badewasser einlasse und die Kinder bettfertig mache. Meiner Mutterrolle gerecht zu werden, fällt mir jetzt besonders schwer. Mein Bedürfnis nach Ruhe ist so groß, dass es mir Mühe bereitet, gelassen zu bleiben und bei Widerworten der Kinder nicht gleich an die Decke zu springen. Das Zähneputzen lassen wir heute ausnahmsweise ausfallen. Oliver kommt gegen neun zurück; er hat mir Pizza mitgebracht. *Danke, Schatz!*

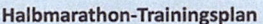

Halbmarathon-Trainingsplan

03. März: 10 km Testlauf   *57:19*

Zielzeit (10km-Zeit x 2,21):   *2:07, korrigierte ZZ: 1:50*

HM-Tempo: 5:13 *min/km*   10km-Tempo: *5:00 min/km*

1. Woche KW 12 (50 km) — *Crosstr. + Rad: 47 km*

Tag	Plan	km
Mo	*46 min Walking ♡126* DL 60 min (75% maxHF) *55min Crosstrainer ♡142*	*10* 10
Di	*3x2000m Crosstr. ♡169* *14 Pilates*	9
Mi	3x 2000m in HM-Tempo	11
Do	*Crosstrainer 43 min*	
Fr	Tempolauf 7km (85% maxHF) *♡160* *14 Pilates*	12 *9*
Sa	*110 min Crosstrainer ♡133*	*19*
So	langsamer DL 110 min (70%maxHF)	17

4. Woche KW 15 (40 km) — *44 km + 71 km Rad*

Tag	Plan	km
Mo	DL 50 min (75% maxHF)	8
Di	*50 min Workout*	
Mi	5x 1000m in 10km-Tempo *✓*	*12* 10
Do		
Fr		
Sa	*langs. langer DL* Jogging 30 min (70% maxHF)	4 *20*
So	Feldberglauf (10km Testrennen)	16

2. Woche KW 13 (51 km) — *45 km + 75 km Rad*

Tag	Plan	km
Mo	DL 60 min (75% maxHF)	10 *7*
Di	*45min Crosstr. ♡142* *50 min B-B-P*	
Mi	4x 1000m in 10km-Tempo	11
Do	*4x1000m 5:00 ♡172*	11
Fr	Tempolauf 7km (85% maxHF) *14 Schwimmen*	*12*
Sa		
So	langsamer DL 120 min (70%maxHF)	18

5. Woche KW 16 (48 km) — *40 km + 75 km Rad*

Tag	Plan	km
Mo	Jogging 70 min (70% maxHF)	10
Di	*Tempolauf 10km ♡166*	*12*
Mi	DL 70 min (75% maxHF)	11
Do		
Fr	*Tempolauf 5km ♡166*	*12* 6,5
Sa	Langsamer DL 120min (70%maxHF)	18
So	*Langsamer DL ♡136* Jogging 80 min (70% maxHF)	9 *21*

3. Woche KW 14 (55 km) — *36,5 km + Rad 63 km*

Tag	Plan	km
Mo	DL 60 min (75% maxHF)	10
Di		
Mi	*4x2000m 5:41 ♡175* 4x 2000m in HM-Tempo *starker Wind*	*13* 12
Do		
Fr	Tempolauf 7km (85% maxHF)	12
Sa	*Tempo 7km ♡165*	*10*
So	langsamer DL 135 min (70%maxHF) *120 min ♡144 + 15 min Workout*	20 *14*

6. Woche KW 17 (50 km)

Tag	Plan	km
Mo	4x 2000m in HM-Tempo	13
Di	*7,5 km ♡132 9:01* *8 km ♡128 10:50*	15,5
Mi	Jogging 50 min (70% maxHF) *4x2000m 5:20 ♡171*	8 *12*
Do		
Fr		
Sa	Jogging 30 min (70% maxHF)	10
So	Halbmarathon Wiesbaden *2:11:51*	25

Sonntag, 28. April 2013

Nach der Enttäuschung gestern hat mich schon wieder neuer Ehrgeiz gepackt. Ich bin jetzt lange genug auf Sparflamme gelaufen. Meine Knieschmerzen sind weg, ich bin gesund und der Frühling kommt, es ist lange hell und ich bin voller Motivation. Ich beschließe, ab sofort zwei Tempoläufe pro Woche zu absolvieren, und zwar so lange, bis sich das schnelle Laufen wieder leicht anfühlt. Nach meiner persönlichen Schlechtestleistung gestern will ich nun wieder meine Bestzeit unterbieten. Langsames Herumtrotten ade! Das ist nichts für mich.

Dienstag, 30. April 2013

Heute habe ich mir ein Tempoziel gesetzt. Ich möchte die 7-km-Runde laufen, mit einer Pace von 5:35 min/km.
Ich schaffe die Geschwindigkeit, aber es fühlt sich anstrengend an. Ich laufe im Schwellenbereich nahe der anaeroben Schwelle. Mein Puls ist gleichmäßig, aber eine Unterhaltung wäre nicht möglich. Ich denke nur ans Laufen. Um die Geschwindigkeit zu halten, muss ich mich konzentrieren. Ich zähle die Schritte beim Atmen. Drei Schritte ein-, drei Schritte ausatmen. Da denke ich an nichts anderes, ich habe keine Termine, keine Verantwortung, keine Pflicht im Kopf, da ist nur Freiheit.
Nach einer halben Stunde werden meine Beine schwer und warm. Doch ich habe die Runde fast geschafft. Nur auf den letzten Metern drossele ich die Geschwindigkeit.

Zeit: 00:40:08:57 h
Tempo: 5:35 min/km
Puls: 167 bpm
Distanz: 7,19 km

Mittwoch, 1. Mai 2013

Heute hat Oliver seinen großen Tag. Im Rahmen des traditionellen Radrennens „Rund um den Finanzplatz Eschborn" findet die Skate-Challenge 2013 statt. Er absolviert dort die 42-km-Strecke auf Speedskates. Sein Ergebnis letztes Jahr war 1:39 h. Dieses Jahr will er die anspruchsvolle Strecke unter 1:30 h schaffen.

Für mich und die Kinder bedeutet das einen kleinen Minimarathon. Sophie und Julius packen ein paar Kleinigkeiten zum Spielen in ihre Rucksäcke und ich nehme eine Tasche mit Proviant mit. Voller Elan stiefeln wir los. Unser Ziel ist die Krebsmühle, ein Wegpunkt an der Strecke, wo die Radfahrer und Skater bergauf unterwegs sind. Das bedeutet: Alle fahren recht langsam und wir können sie gut beobachten. Da die Kinder nach dem Zwei-Kilometer-Fußmarsch großen Hunger haben, kaufen wir uns eine Schale Erdbeeren am dortigen Stand.

Eine Weile passiert nicht viel, aber bald kommen die ersten Radfahrer und Skater. Es dauert eine halbe Ewigkeit, bis Oliver zu sehen ist. Er ist viel später dran, als wir erwartet hatten. Aber er hat zum Glück einen Windschatten-Zug gefunden, in dem er kräftesparend fahren kann. Als er durch ist, spazieren wir noch einmal zwei Kilometer zur U-Bahn. Mit Bahn und Bus fahren wir nach Eschborn-Süd, um Oliver im Ziel zu empfangen. Dort können wir entweder seinen Erfolg mit ihm feiern oder ihm im Falle einer Enttäuschung Trost spenden. Aber vorher steht der nächste Fußmarsch an, auch in etwa zwei Kilometer.

Oliver macht einen glücklichen Eindruck, obwohl er seine Zielzeit noch nicht kennt. In jedem Fall ist er zufrieden. Das zählt. Der Blick auf die Ergebnislisten zeigt: 1:28:38 h

An diesem Tag sind wir alle ziemlich kaputt, aber glücklich. Wir gönnen uns ein Abendessen außer Haus und feiern Olivers Erfolg in einem berühmten Schnellrestaurant.

Freitag, 3. Mai 2013

Oliver und ich, wir sind beide hochmotiviert. Ich nach meiner persönlichen Niederlage und er nach seinem Erfolg. Der Gedanke an Sport und Wettbewerbe beflügelt uns beide. Deshalb beschließen wir, vor unserer gemeinsamen Sportreise nach Berlin ein weiteres Event gemeinsam zu bestreiten. Am Himmelfahrtswochenende findet der Kassel-Marathon statt. Dort gibt es einen Halbmarathon-Wettkampf für mich und einen Inline-Halbmarathon für ihn. Da wollen wir dabei sein, quasi zur Einstimmung auf Berlin. Zudem findet dort auch ein Inline-Minimarathon statt, bei dem die Kleinsten unter 13 Jahre 2,1 km auf Skates absolvieren. Da könnten auch Julius und Sophie mitmachen. Das wird ein richtiges Familien-Sport-Event.

Samstag, 4. Mai 2013

Der Tag beginnt mit einem Fußballspiel. Julius spielt mit seiner Mannschaft in Heddernheim gegen Kalbach. Ein Heimspiel. Oliver, Sophie und ich begleiten ihn.
Nach dem Mittagessen unternimmt Oliver eine Radtour durch den Taunus. Ich nutze die Zeit, um mit Julius rauszugehen. Er will Rad fahren. Um noch einen Trainingseffekt rauszuholen, beschließe ich, die Laufschuhe zu schnüren. Ein bisschen Fahrtspiel kann nicht schaden.

Puh, denke ich später. Julius legt sich ganz schön ins Zeug. Er schaltet den niedrigsten Gang ein, um gut die Hügel hochzukommen. Da muss ich mich ganz schön anstrengen, um mit ihm Schritt zu halten.

Zeit: 00:26:47 h
Tempo: 6:58 min/km
Puls: 155 bpm
Distanz: 3,84 km
Energie: 188 cal

Ich fühle mich gerüstet für den langen Lauf morgen.

Sonntag, 5. Mai 2013

Auf der Strecke von Oppenheim nach Worms ist heute autofreier Sonntag. Da wollen wir nachmittags alle zusammen skaten. Und zum Frühstück sind wir mit Freunden verabredet. Ich beschließe, meinen langen Lauf morgens zu machen. Gleichzeitig verbinde ich das Training mit einem Feldtest.

Je 15 min:
132 bpm (70% HFmax)   9:27 min/km
142 bpm (75% HFmax)   8:41 min/km
152 bpm (80% HFmax)   6:58 min/km
162 bpm (85% HFmax)   6:14 min/km
170 bpm (90% HFmax)   5:20 min/km

Am Ende hänge ich noch einen Tempolauf von 7,3 km dran, so dass ich insgesamt auf 18,75 km komme. Für heute reicht's.

Donnerstag, 9. Mai 2013

Anreise nach Freudenthal.
Wir fahren gegen Mittag los zu Olivers Vater. Es ist Himmelfahrt und wir haben ein langes Wochenende vor uns. Heute früh habe ich noch ein Läufchen gemacht. Ab jetzt heißt es Füße stillhalten bis Sonntag. Ob ich das schaffe? Ich bin momentan so motiviert, dass ich mich nur schwer zurückhalten kann.

Freitag, 10. Mai 2013

Gleich nach dem Frühstück macht Oliver den Vorschlag, eine Runde um den Borkener See zu laufen. Zwar wollte ich heute nicht laufen, aber die Idee ist super. Das kann ich nicht ablehnen. *Wann habe ich schon die Gelegenheit, zusammen mit meinem Mann allein durchs Naturschutzgebiet zu joggen?*
Die Strecke ist wunderbar; durchs Grüne, links von uns taucht hier und da der See auf und es herrscht Stille: keine Autobahngeräusche, kein Fluglärm, kein Gehupe, keine Menschenseele, wir treffen nur eine Handvoll Leute: Hundebesitzer, Jogger, Spaziergänger. Wir werden eins mit der Landschaft und genießen die Natur. Der Wind schlägt kräuselige Wellen auf die Wasseroberfläche und streicht durch die Baumkronen. Blütenpollen schneien von oben herab, Vögel zwitschern im Rhythmus unserer Schritte. Wir sind so vertieft, dass wir den Abzweig zum Parkplatz vorm Schwimmbad verpassen. Die Strecke hatte es in sich, es waren 200 Höhenmeter zu überwinden, aber ich bin glücklich und frei im Kopf.
Nach dem Mittagessen gönnen wir uns einen freien Nachmittag ohne Kinder und fahren nach Kassel. Ich hatte ganz vergessen, wie still es im Auto sein kann. Vorsichtshalber drehe ich mich ein paar Mal um; es ist tatsächlich niemand da, beide Kindersitze sind leer.

In Kassel angekommen, melden wir uns für unsere Wettbewerbe an. Da wir noch Zeit haben, bummeln wir über die Marathonmesse und fahren anschließend mit dem Auto die Strecke ab. Nur dank GPS finden wir die richtige Route. Neben mir höre ich Olivers Beschwerden über die vielen Hügel und Berge entlang der Strecke. Ich versuche mir die Strecke einzuprägen und lege mir eine Renntaktik zurecht. Die Strecke geht über einige Steigungen. Ich sollte meine Erwartungen nicht allzu hoch schrauben. Mit einer Zeit unter zwei Stunden wäre ich mehr als zufrieden. Nach meiner Pleite in Wiesbaden würde mich eine schnelle Zeit mehr als motivieren.

Sonntag, 12. Mai 2013 – HM Kassel

Halbmarathon Kassel

Nach fast einer Woche mit sonnigem und mildem Frühlingswetter regnet es heute mal wieder; ausgerechnet am Wettkampftag. Zudem haben wir nur 12°C. Eigentlich ist mir das viel zu kalt, um zwei Stunden im Regen durch Kassel zu laufen. Aber drücken kann ich mich jetzt auch nicht mehr. Das wäre ja noch schöner.
Im Gegensatz zu mir freut sich Oliver über die nassen Straßen. Denn dadurch hat er die Gelegenheit, seine neuen Regenrollen auszuprobieren.
Ich versuche mich von seiner Freude anstecken zu lassen. Denn: Auch wenn ich mich über den Regen ärgere, regnet es trotzdem. Einen entscheidenden Vorteil hat das Wetter schließlich: Mir wird nicht so schnell heiß beim Laufen – ich werde schneller!

Die Eissporthalle in Kassel dient heute als Kleiderdepot. Bevor ich meinen Beutel abgebe, ziehe ich mich vor den Tribünen um. Genauer gesagt, ziehe ich Jeans und Pulli aus, weil ich meine Laufsachen schon drunter trage. Das mache ich immer so am Wettkampftag. Ich bin also schnell fertig. Als Nächstes befestige ich meine Startnummer am Shirt, während Oliver seine Skates mit Regenrollen ausstattet. Ich bewundere ihn. Ich könnte das nicht: eine halbe Stunde vorm Start noch an der Ausrüstung basteln. Meine Schuhe sind glücklicherweise allwettertauglich. Nur meine Kleidung ist heute unpassend gewählt. Ich friere in meiner knielangen Hose. Und wieder habe ich die Mülltüte vergessen. Das passiert mir oft. Ich nehme mir jedes Mal vor, eine zurechtzuschneiden, um mich am Start vor Regen und Kälte zu schützen. Und immer wieder vergesse ich es. Neidisch blicke ich auf alle, die daran gedacht haben. Nächstes Mal!

Zwanzig vor acht verabschiede ich Oliver zum Start. Ich bleibe in der Halle, wo es zwar auch kalt, aber wenigstens trocken und windgeschützt ist. „Toi, toi, toi, mein Schatz! Bis später im Ziel!", rufe ich ihm zu.

Langsam werde ich nervös. Vorsichtshalber will ich zur Toilette gehen. Wie immer an einem solchen Tag ist die Schlange vor der Damenkabine lang. Es dauert einen Augenblick, ehe ich das Ende finde. Ich zähle die wartenden Frauen: 17. Da ich weiß, dass es an dieser Stelle der Halle nur eine einzige Toilette gibt, gehe ich lieber weiter. Denn selbst wenn jede Frau nur eine Minute benötigt, stehe ich hier knapp zwanzig Minuten an. Ich suche mir ein anderes stilles Örtchen. Die Ecke am gegenüberliegenden Ende erweckt ein bisschen den Eindruck einer leerstehenden Lagerhalle und ich mache mir Sorgen, dass jeden Moment ein Wachmann mit Schäferhund auftaucht, mich mit einer Taschenlampe blendet und wegschickt. *Darf ich mich hier überhaupt aufhalten?*

Doch tatsächlich finde ich hier eine Toilette. Vorsichtig drücke ich den Türgriff hinunter. Es ist nicht abgeschlossen. Drinnen ist es richtig warm und trocken. Ich sehe ein, zwei …sechs Kabinen, alle frei. Ich wähle die letzte und verrichte mein Geschäft. In der Zwischenzeit kommen zwei Frauen mit der gleichen Verwunderung herein. „Die Tür ist offen", sagt die eine. „Sechs Türen und alle Toiletten sind frei.", freut sich die andere. „Hat scheinbar noch keiner bemerkt."

„Da können wir später sogar noch mal kommen."

Gute Idee, denke ich. Mich haben sie nicht bemerkt. Ich höre Pieseln, Rascheln, Spülen, Wasserhahnrauschen und Kichern. Dann öffnet sich die Tür. Sie gehen. „Voll der Geheimtipp, diese Toilette", sagt die eine. Dann geht das Licht aus. *Häh?* Ich bin so verblüfft, dass ich nicht weiß, was zu tun ist. „Hallo. Licht an, bitte!", rufe ich, aber die Damen sind längst weg. Es ist stockdunkel und ich ekle mich, weil ich nicht weiß, wo ich hinpacke, schließlich sitze ich mit heruntergelassener Hose auf dem Lokus. Mühsam krame ich mein Handy aus der Tasche. Hoffentlich fällt es nicht runter. Ich schalte meine Taschenlampen-App ein, ziehe mir die Hose hoch und verschwinde. Beim Rausgehen kommt eine weitere Frau herein. „Diese Toilette ist echt ein Geheimtipp!", rufe ich und lasse beim Rausgehen das Licht an.

Zwanzig Minuten später herrscht auch auf dieser Toilette reges Treiben inklusive Warteschlange. Ich stelle mich ein weiteres Mal an, aber nicht um mich zu erleichtern, sondern um mich aufzuwärmen. Dann gehe ich zum Start.

Am Start in der Damaschkestraße herrscht Gedränge. Noch immer beneide ich die Läufer, die an die Mülltüten gedacht haben, um sich vor Regen und Kälte zu schützen. Ich selbst halte mich warm, indem ich auf und ab wippe, mehr ist nicht möglich in der Menge. Dem Regen bin ich ungeschützt ausgeliefert. Ich wünsche mir Scheibenwischer an der Brille. Als ich mir mit den Ärmeln meines Shirts die Gläser abwische, bemerke ich, dass meine Pulsuhr noch keine Satelliten gefunden hat. *Oh nein!* Ohne das Gerät bin ich aufgeschmissen. Wenn die Uhr die Strecke nicht richtig aufzeichnet, kann ich mein Tempo schlecht kontrollieren. Hier in der Menschenmenge empfängt die Uhr scheinbar keine GPS-Daten. Da ich so klein bin, reicht es scheinbar nicht, die Hände hochzuhalten. Ich muss sie weit in die Luft strecken. Langsam bewegt sich die Menge vorwärts, das Feld lichtet sich etwas. Vor lauter Nervosität überhöre ich sogar den Startschuss. Glücklicherweise loggt sich meine Puls-uhr noch vor der Startlinie ein, ich überquere die Zeitnehmung und will nur noch laufen. Ich hatte eine gute Position im Startblock, die Menschen vor mir sind eher langsamer; das ist gut, denn so laufe ich nicht zu schnell los.

Dann überhole ich einige Läufer mit Walking-Stöcken. *Was machen die denn hier?* Hinter den Fuldaauen fällt mir ein, dass es einen Power-Walking-Wettbewerb gibt. Die Walker haben sich also nicht verlaufen, sondern wollen die 21,1 km ebenfalls absolvieren. Ich gebe Gas und passiere einige Straßen, die Städtenamen tragen – Nürnberger, Görlitzer und Breslauer Straße. Nach der Liegnitzer Straße habe ich genug Läufer überholt und meinen Rhythmus ge-funden. Meine Durchschnittsgeschwindigkeit liegt bei 5:32 min/km. Ich bin etwas schneller als geplant, aber es gibt keinen Grund, lang-samer zu werden. Ich fühle mich, als könnte ich mit dieser Pace sogar einen Marathon laufen – vier Schritte einatmen, vier Schritte ausatmen. Ich behalte das Tempo bei, erinnere mich auf der Hafen-brücke an die Steigungen, die ab Kilometer zehn folgen werden. Wenn ich die Wolfhager Straße hinter mir gelassen habe, kann ich immer noch schneller rennen, wenn die Kraft reicht. Und sie reicht. Es kommen zwar einige Steigungen, die ich nur langsam bezwingen kann, aber die Hügel sind weniger steil, als sie vom Auto aus schie-nen. Außerdem sind die anschließenden Gefälle so langgezogen, dass ich mich vor jedem neuen Hügel ausreichend erholen kann. Ab Kilometer 12 laufe ich schneller, meine Durchschnittsgeschwindig-keit sinkt auf 5:28 min/km. Meine Begeisterung steigt – wenn ich so weiterlaufe, dann schaffe ich die Strecke locker unter zwei Stunden. Aber mir ist auch bewusst, dass noch ein paar Hügel kommen wer-den. Erst als ich die Wilhelmshöher Allee hinunterlaufe, weiß ich, dass jetzt langsam Zeit für den Endspurt ist. Ich genieße den Blick von oben hinab in die Stadt und wieder hinauf, wo am Ende der Straße der Herkules thront – ein beeindruckender Anblick. In der

Senke biege ich ab Richtung Ziel – das Auestadion ist nicht mehr weit. Jetzt treibt mich die Stimmung der Zuschauer an. Zwar gab es entlang der Strecke bis hierhin viele Zuschauer, dazu Musik und ein Rahmenprogramm, aber jetzt fällt es mir besonders auf. Die Leute treiben mich an, sorgen dafür, dass ich in einer Geschwindigkeit laufe, die ich auf meiner Trainingsrunde keine zehn Kilometer durchgehalten hätte. Drei schnelle große Schritte einatmen, drei schnelle große Schritte ausatmen. In der Tischbeinstraße erblicke ich Oliver auf seinen Skates am Straßenrand. Von Weitem erkenne ich sein Strahlen und seine Medaille um den Hals. Ich ordne mich rechts ein und halte ihm meine Handfläche hin, dabei versuche ich so leichtfüßig wie möglich auszusehen. Er klatscht ab und ich renne wie im Rausch weiter. Mein Körper fühlt sich an, als würden mein Beine im Kreis rotieren, während mein Oberkörper stillhält. Ich laufe 4:50 min/km, meine Durchschnittspace fällt auf 5:23 min/km. Ich hatte mir das Rennen richtig eingeteilt. Meine Kraft reicht, um noch schneller zu werden. Oliver begleitet mich auf seinen Rennskates am Straßenrand. *Was für eine Motivation!* Ich liege mit der Zielzeit inzwischen unter 1:55 h; ich weiß, wenn ich einen 5:21-min/km-Schnitt laufe, komme ich auf eine Zielzeit von 1:52:30 h. Aber als ich in die Menzelstraße einlaufe, weiß ich, dass das nicht mehr zu schaffen sein wird. Ich nehme wieder etwas Tempo raus, mobilisiere noch einmal die letzten Reserven, um im Stadion beim Zieleinlauf vor der Kamera eine gute Figur zu machen. *Ich hasse Stadionrunden, 400 Meter sind so verdammt lang.* Im Stadion laufe ich mit langgezogenen Schritten durchs Ziel. 1:54:irgendwas steht auf der Uhr. Überglücklich falle ich Oliver im Ziel in die Arme. Und das Schönste ist: Wir können die Verpflegung gemeinsam genießen. Liebe ist …mit meinem Ehemann im Ziel eine Banane essen!
Ich kann meine Leistung kaum fassen.

Meine Netto-Zeit beträgt 1:53:12 h.

Nach der Niederlage in Wiesbaden bin ich mit meinem Saisonstart nun doch noch zufrieden.

Donnerstag, 16. Mai 2013

Es ist kühl und windig, der Frühling lässt weiter auf sich warten, wieder habe ich keine Lust, vor die Tür zu gehen. Ich habe keine richtige Motivation, bei dem Wetter zu laufen; der Halbmarathon in Kassel ist vorbei und mein nächstes großes Ziel ist der Berlin-Marathon, der noch weit in der Zukunft liegt, dafür genügt es, ab Mitte Juli zu trainieren. Trotzdem habe ich das Bedürfnis, ein gewisses Trainingsniveau zu behalten, damit ich in Berlin endlich die Vier-Stunden-Grenze unterbiete. Also laufe ich schließlich doch los, einfach so, ohne Ziel.

Es ist wie immer: Kaum bin ich eine Minute unterwegs, ist alle Unlust verflogen und ein Strahlen macht sich in mir breit, nicht nur mein Gesicht lacht, sondern mein ganzer Körper. Ich fühle mich wie ein Kind, das gerade seinen ersten Pfiff ausgestoßen hat. Ich laufe schneller, bis ich einen Rhythmus gefunden habe, bei dem ich das Gefühl habe, ich könnte stundenlang weiterlaufen. Das trübe, kühle Wetter ist mir egal. So kalt ist es nun auch wieder nicht, ich kann immerhin in kurzer Hose laufen.

Als ich in die Felder einbiege, freue ich mich heute besonders, denn der Raps steht in voller Blüte und die leuchtend gelben Felder wirken auf mich wie Sonnenschein. Am liebsten möchte ich die Augen schließen und dieses Gelb auf mein Inneres wirken lassen. Aber das hebe ich mir für zuhause auf, die Stolpergefahr ist mir zu groß. Mit dem Wind geht es mir ähnlich. Es weht eine laue Brise um meine Nase. Es geht ein Lüftchen, das ich beim Laufen nicht bekämpfen muss, noch nicht einmal bei Gegenwind. Auch da würde ich gerne die Augen schließen und mir vorstellen, ich stehe am Bug der Titanic und bin der König der Welt. Stattdessen beobachte ich lieber den jungen Roggen, dessen Ähren sich im Wind wiegen und dabei aussehen wie die sanften Wogen eines grünen Meeres. Ich genieße den Anblick und lasse mich treiben. Gleichzeitig nehme ich mir vor, ab jetzt dreimal pro Woche locker zu laufen, für die Seele.

Distanz: 5,7 km
Zeit: 38:40 min
Tempo: 6:47 min/km

Mittwoch, 29. Mai 2013

Es ist 17:40 Uhr. Ich komme gerade mit den Kindern nach Hause. Sophie war beim Eiskunstlauf-Trockentraining, währenddessen war ich mit Julius auf der Leipziger Straße bummeln. Was sich nach Vergnügen anhört, hat mich körperlich ziemlich ausgelaugt, schließlich war ich vormittags noch arbeiten. Am liebsten möchte ich nur noch auf dem Sofa liegen, aber das werde ich wohl auf die Zeit nach der „Tagesschau" verschieben müssen. Morgen ist Fronleichnam, Feiertag in Hessen; verbunden mit einem Brückentag, steht uns ein langes Wochenende bevor, das ich mit Oliver alleine genießen möchte. Ganz ohne Aufwand ist das allerdings nicht möglich, denn dafür muss ich heute noch Koffer packen. Und Julius' Fußballtasche. Er hat nämlich morgen ein Turnier in Königstein. Tausend Dinge schwirren mir durch den Kopf: Habe ich alles eingepackt? Schlafanzüge? Zahnputzzeug? Genug Unterwäsche? Hosen? Sind die Fußballsachen gewaschen? Wo stecken die Schienbeinschoner? Ich suche und suche, bin total gestresst und finde sie am Ende in Julius' Bett. Einkaufen müsste ich auch noch, denn morgen werden die Geschäfte geschlossen sein. Langsam frage ich mich, ob das alles im Verhältnis steht und ob wir das Ganze nicht lieber abblasen sollten, aber dann kommt der Gedanke auf ein Wochenende ohne Kinder, dreimal ausschlafen, drei Tage nur für Oliver und mich. *Drei Tage*. Ich schließe die Koffer, stelle die Fußballtasche bereit, bereite das Abendessen vor und warte auf Oliver. Nachdem die Kinder im Bett sind, kann das Wochenende beginnen. Jetzt noch eine Runde laufen? Auf gar keinen Fall. Bei der „Tagesschau" schlafe ich ein und wache in der Dämmerung wieder auf. Dann ziehe ich um: vom Sofa ins Bett.

Donnerstag, 30. Mai 2013

Es ist Fronleichnam – ein Feiertag, aber ich komme mir vor wie an jedem Donnerstag, wenn Sophie punkt acht in der Schule sein muss. Es herrscht Termindruck. Trotzdem kriegen wir es gut hin.

Fußballturnier – Julius' Mannschaft belegt Platz zwei!!!
Mittagessen – Salat- und Kuchenbüfett beim Fußballturnier.
Autofahrt – 1 h 40 min nach Freudenthal, beide Kinder schlafen.

Die Kinder bleiben bis Sonntag dort.
Die Rückfahrt nach Hause ist so still und entspannt, dass ich mich wieder mehrmals umdrehen muss, um nachzusehen, ob die Rückbank wirklich leer ist.

Zuhause treffen wir die letzten Vorbereitungen für unsere geplante Radtour. Oliver speichert die Strecke im Outdoor-Navi und ich packe einige Sachen in die Gepäckträgertaschen. Es ist Regen angesagt, dafür müssen wir gerüstet sein: Regenhose, Regenjacke, Wechselkleidung, vor allem trockene Socken und Frühstücksbeutel (trockene Socken an, Plastikbeutel darüber und wieder in die nassen Schuhe – wirkt wie warme Stiefel), nichts ist schlimmer als eine

Radtour im Regen mit unpassender Kleidung. Diese Erfahrung haben wir letztes Jahr gemacht, da sind wir durch das Hochwasser der Schwalm geradelt mit dem Ergebnis, dass wir mit patschnassen Füßen noch bis zum Bahnhof nach Borken fahren mussten. Da unser Weg dieses Jahr entlang der Nidda führt und der Wetterbericht Regen meldet, sind wir auf alles gefasst. Warum wir uns das überhaupt antun? Der Tag, das Wochenende, die Tour war lange geplant, da lassen wir uns vom Wetter keinen Strich durch die Rechnung machen.

Freitag, 31. Mai 2013

6:30 Uhr
Ich wache ohne Wecker auf. Wie üblich brauche ich zwei Gläser Wasser und zwei Tassen Kaffee, um richtig wach im Kopf zu werden. Als es so weit ist, wird mir bewusst: Dauerregen.
Ich verziehe die Mundwinkel und schaue genervt aus dem Fenster. Oliver deutet meinen Blick und fragt: „Sollen wir lieber zuhause bleiben?"
Ich überlege kurz und antworte entschlossen: „Nein. Laut Wetterbericht soll es nur vormittags regnen."
Oliver studiert im Internet den Regenradar. „Wenn wir Glück haben, ist das Regengebiet um elf vorbeigezogen."
„Meine Regenklamotten sind erfahrungsgemäß dicht", entgegne ich.
„Meine auch. Also los."

Gegen halb acht besorgen wir im Supermarkt um die Ecke den Proviant: Würstchen, Brötchen, Wasser und Obst. Während Oliver einkauft, befreie ich meine Brille zum ersten Mal von Regentropfen. Sonst stört mich der Regen weniger. Die Luft ist angenehm, die Temperatur genau richtig zum Radfahren. Allerdings kommen wir nur langsam voran. Der Radroutenplaner schickt uns über eine Strecke, auf der wir anfangs mehrere Feldwege passieren müssen. Dabei frage ich mich ab und zu, wo das Feld und wo der Weg sein soll. An einigen Stellen erinnert mich der Weg eher an eine Wiese, durch die ein Traktor gefahren ist, der zwei Reifenspuren hinterlassen hat. Zum Glück stehen wir noch am Anfang unserer Tour, da reicht die Kraft noch für eine derartige Odyssee.

Schon bald finden wir die Nidda. Hier entlangzuradeln, macht den eigentlichen Reiz der Tour aus. Und wir werden belohnt – der Regen hört auf, nur der Wind bleibt. Die Nidda führt Hochwasser, an einigen Stellen sind die Wiesen überflutet. Es herrscht natürliche Stille, wir hören nur das Rauschen der Bäume, keine Autos, keine Flugzeuge, keine Sirenen, kein Kindergeschrei – nur Natur. Obwohl es Spaß macht, kommen wir nur langsam voran. Der Wind bremst uns stärker als gedacht. Der Gegenwind ist ein echter Feind. Meine Kraft lässt nach, auch zusätzliche Pausen nützen nur wenig. Es weht so stark, dass wir sogar bergab in die Pedale treten müssen, um einigermaßen vorwärtszukommen. Als wir gegen 14 Uhr die A45 unterqueren und ein Hochwassergebiet die Weiterfahrt unmöglich macht, ist die Laune gänzlich dahin. Auf einer Länge von zwanzig Metern ist der Weg überflutet. Oliver fährt hindurch, aber er tunkt bis über die Knöchel ins Wasser ein. Was aussieht wie eine lange Pfütze, gehört zu einem See, der sich rechts von uns auf überfluteten Wiesen ausbreitet. „Ich fahre da auf gar keinen Fall durch", schimpfe ich. „Musst du auch nicht. Wir versuchen es auf der anderen Seite."

Links von der Autobahn sieht es nicht besser aus. Auch hier ist kein Weg unter dem Wasser zu erkennen. Da Oliver sowieso nasse Füße hat, radelt er auch durch diese Pfütze. „Hier kannst du durchfahren, es ist wirklich nur eine Pfütze, nicht so tief", ruft er mir vom anderen Ufer zu. „Vergiss es!", rufe ich entnervt zurück. Unsere Tour scheint hier zu enden, zwanzig Kilometer vorm Ziel.

Aber Oliver hat noch eine Lösung parat: Das Wasser befindet sich nur auf dem Weg, links davon erstreckt sich ein Feld auf einem Hügel, dort ist es trocken. Oliver fährt mein Rad auf die andere Seite, ich laufe rüber, dann läuft er zurück, holt sein Rad und alles ist gut. Allerdings nur für einen Moment. Links der A45 führt der Weg in eine andere Richtung, es gibt keine Unterführung, keine Brücke und bald geht der Weg in einen Pfad über, über Stock und Stein, vorbei an umgestürzten Bäumen und Matschflecken direkt in eine Sackgasse. Wir sind eingekesselt von Wald und Autobahn. Verdammter Mist. Wir kehren um und betrachten noch einmal das Dilemma auf der anderen Seite der Autobahn. Aber es wird nicht besser, der Weg ist überflutet. Unsere Radtour endet also hier. Ich bin enttäuscht und traurig. Mit dieser Laune will ich aber auch auf keinen Fall umkehren. Doch weiter geht es nicht. Wir bleiben tatenlos stehen. Bis von der anderen Seite ein Auto heranrollt. Der Fahrer hält vor der „Pfütze", bevor er langsam durch das Hochwasser hindurchrollt. Das Auto ist bis zur Hälfte der vorderen Stoßstange im Wasser, die Räder sind nicht mehr zu erkennen. Der grüne Caddy hält an, der Fahrer lässt die Scheibe runter. Oliver fragt: „Lässt sich dieses Gebiet umfahren?"

Der Mann erklärt etwas, ich höre nicht zu. Selbst wenn wir das Gebiet umfahren würden – an der Niddaquelle kämen wir heute nicht mehr an.

„Würden Sie meine Frau rüberfahren?"

Häh? Reden die über mich?

„Und die Räder? Die passen nicht in mein Auto."

„Das ist kein Problem, ich fahre die Räder rüber, es geht nur um meine Frau."

Der Mann überlegt. Er nickt. Er wendet und fährt mich ans andere Ufer. Oliver bringt mein Rad, fährt wieder mit dem Mann zurück und radelt ein zweites Mal durch das Wasser. Es kann weitergehen.

Und es geht weiter – allerdings kommen wir kaum voran. Vor uns liegt der Vogelsberg. Es geht bergauf und bergab, scheinbar endlos. Eigentlich sind es nur ein paar aneinandergereihte Hügel, die man problemlos meistern könnte, indem man bergab Schwung holt und die Hälfte der folgenden Erhebung hinaufrollt. Das Problem ist der

Wind. Wir können bergab keinen Schwung holen, weil der Gegenwind uns so stark bremst, dass wir selbst bergab in die Pedale treten müssen. Ans Bergauffahren mag ich gar nicht mehr denken. Trotzdem quälen wir uns auf diese Weise bis nach Nidda und weiter. Kurz vor Schotten beschließen wir, unser Ziel zu ändern. Wir wollen den Nidda-Stausee erreichen. Aus dem Internet wissen wir, dass es an der Nidda-Quelle sowieso keine echte Quelle gibt, sondern nur eine Tafel, auf der „Nidda-Quelle" steht. Und dafür lohnt es sich nicht, bei solchem Wind 15 Kilometer weiter auf 800 Meter Höhe zu fahren. Wir rechnen aus, dass es etwa drei Stunden dauern würde, und das ist zu viel, denn dann schaffen wir es nicht im Hellen nach Hause zurück.

Unser neues Ziel ist nicht mehr weit. Das motiviert mich, noch ein letztes Mal gegen den verdammten Wind anzukämpfen. Ich bin bloß froh, dass es trocken geblieben ist.

Nach 7:20:07 h sind wir endlich am Ziel.

Wir hatten mit höchstens 5,5 Stunden gerechnet, der Wind hat uns zwei Stunden Zeit und jede Menge Kraft gekostet. Doch die Mühe hat sich gelohnt. Wir haben angenehmes Wetter, sogar die Sonne zeigt sich und am See ist es erholsam und ruhig. Wir genießen die Aussicht bei Kaffee und Eis, sammeln Kraft für die Rückfahrt.

Der Heimweg ist ein Kinderspiel. Dank Rückenwind und leichtem Gefälle schaffen wir es in 4:59 h, sodass wir gerade noch in der Dämmerung zu Hause ankommen.

Duschen. Pizza. Freuen. Ausruhen.

Fahrtzeit:	12:19:05 h
Gefahrene Strecke:	134 km
Geschwindigkeit:	10,9 km/h
Puls:	111 bpm
Energie:	3679 cal

Dienstag, 11. Juni 2013

Seit einiger Zeit laufe ich regelmäßig dienstags und donnerstags sowie an einem Wochenendtag, immer zwischen 14 und 15 Uhr. Es sind meine „freien" Nachmittage, alle anderen sind verplant. Montags und mittwochs hat Sophie Eiskunstlauf-Trockentraining und freitags spielt Julius Fußball. Da bin ich als Fahrer und Zuschauer gefragt. Julius trainiert zwar auch dienstags, aber da wird er von einer Freundin von mir mitgenommen, deren Sohn im selben Verein kickt. *Ein Hoch auf Fahrgemeinschaften.*

Ich richte mich also mit meinem Training nach den Terminen der Familie. Es ist ganz gut, dass ich zwei Nachmittage pro Woche zur Verfügung habe, denn sonst fehlt mir die Regelmäßigkeit, ohne die ich keine Struktur ins Laufen bringen könnte. So komme ich gar nicht erst darauf zu denken: ‚Lauf ich heut nicht, lauf ich morgen'.

Es spricht einiges für den Nachmittag als Trainingszeit. Denn morgens bin ich meistens noch zu müde, um mich zu motivieren, und abends habe ich oft keine Kraft mehr, mich noch mal aufzuraffen. Außerdem hat Oliver zwei feste Abendtermine für seinen Skatesport reserviert.

Dienstags fährt er beim Tuesday-Night-Skating mit und freitags trainiert er auf der Skatebahn in Groß-Gerau. Für mich bleiben also die Nachmittage, die sich aus mehreren Gründen am besten eignen:

Ich bin allein und muss kein Kind dazu motivieren, mich auf dem Rad zu begleiten.

Es ist immer hell, auch im Winter.

Meistens herrschen angenehme Temperaturen.

Es sind viele Leute unterwegs, ich muss nicht durch dunkle Ecken laufen.

Kompliziert wird es nur, wenn sich zusätzliche Termine und Aufgaben einschleichen. Dann muss ich das Training ausfallen lassen oder improvisieren.

Heute improvisiere ich. Um 14 Uhr habe ich einen Arzttermin. Deshalb entscheide ich mich für die sanfte Lösung. Ich laufe von der Arbeit nach Hause. Da ich jeden Tag mit dem Rad zur Arbeit fahre, schiebe ich es einfach heim.
Bis nach Hause schaffe ich es trotzdem nicht. Mir wird die Zeit zu knapp, also radele ich den Rest der Strecke.
Während ich beim Arzt im Wartezimmer sitze, fällt mir ein, dass morgen kein Eiskunstlauftraining für Sophie stattfinden wird, weil der JPMorgan-Chase-Lauf für Verkehrschaos sorgen wird. Ich entscheide mich, morgen zu Fuß zur Arbeit zu gehen und das Rad zu Hause zu lassen.

Mittwoch, 12. Juni 2013

Weg zur Arbeit:
Distanz: 6,82 km
Tempo: 8:33 min/km
Puls: 131 bpm
Zeit: 0:58:22:55 h

Heimweg:
Distanz: 6,55 km
Tempo: 9:11 min/km
Puls: 131 bpm
Zeit: 1:00:05 h

Ich komme ausgeglichen und zufrieden zu Hause an. Der Spaziergang wirkte wie ein Kurzurlaub für die Seele.

Donnerstag, 13. Juni 2013

Heute habe ich eine Stunde Zeit zum Laufen. Ich freue mich schon den ganzen Tag darauf. Aber als ich mittags zu Hause bin, ruft eine Freundin an. Sie hat Zeit und kommt zum Plaudern vorbei. Wir verquatschen uns und ich merke, wie sehr ich das genieße. Manchmal kommt das in meinem vollgepackten Alltag zu kurz; Familie, Job, Laufen, Schreiben – jede Minute ist verplant. Heute genieße ich meine Spontanität.

Später, als ich Julius vom Kindergarten abhole, fehlt mir dann doch etwas. Ich will noch Sport treiben. Ich frage bei den Kindern nach, ob sie Lust haben, eine Runde Fahrrad zu fahren. Dann könnte ich nebenherjoggen. Aber nein: Julius will lieber Fußball spielen, Sophie will basteln. Ich mag die Kinder nicht allein lassen. Statt zu laufen, entscheide ich mich für ein Fußballspiel mit meinem Sohn. Was er unter Hin- und Herkicken versteht, bringt mich ganz schön ins Schwitzen. So komme ich doch noch zu meinem Training.

Dienstag, 18. Juni 2013

Heute Nachmittag habe ich beruflich einen Termin, ausgerechnet zwischen 14 und 15 Uhr. Damit mein Training nicht ganz ausfällt, ersetze ich das Laufen durch eine Stunde Rad fahren, schließlich fahre ich sowieso mit dem Rad zur Arbeit, da muss ich nur einen Umweg machen.

Donnerstag, 20. Juni 2013

Seit Montag herrscht anhaltende Hitze in Frankfurt. Gestern zeigte das Thermometer 36° C und selbst nachts sanken die Werte nicht unter 23° C. Für heute ist noch einmal heißes Wetter vorhergesagt. Ich entschließe mich, zu Hause zu arbeiten. So kann ich vor der Arbeit trainieren, solange die Luft noch erträglich ist. *Ein Hoch auf flexible Arbeitgeber.*

Kurz vor acht bringt Oliver Sophie zur Schule. Kurz nach acht bringe ich Julius in den Kindergarten. Schon jetzt ist es sehr warm und schwül, aber es weht ein angenehmes Lüftchen. Der Himmel ist babyblau, mit einigen Schleierwölkchen behangen. Ich fühle mich wohl. Beim Laufen merke ich dann aber doch das Wetter. Ich bin langsamer als sonst bei hoher Anstrengung. Ich weiß nicht, ob ich vom Laufen schwitze oder einfach nur von der Luft. Es ist wohl eine Mischung aus beidem. Zum Glück weht der Wind gerade so stark, dass ich ihn als Abkühlung empfinde und nicht dagegen ankämpfen muss. Ich laufe am „Lahmen Esel" vorbei hinauf Richtung Riedberg, an den U-Bahn-Schienen entlang bis zur Krebsmühle. Dort biege ich links ab. Nachdem ich das Klärwerk und die Basaltfabrik hinter mir gelassen habe, steigere ich in den Feldern Richtung Steinbach mein Tempo. Doch allzu schnell werde ich bei der Hitze und Schwüle nicht. Meine Haut wird langsam klebrig. Bergab gebe ich noch mal Gas. Als ich am Spargelstand vorbei Richtung Weihnachtsbaumfarm laufe, spüre ich den Wind nun von vorn. Wenig später fühle ich lauter kleine Steinchen in der Luft. Ich halte Ausschau nach einem Traktor, der Dreck aufgewirbelt haben könnte, entdecke aber nichts, auch kein Auto oder ein anderes Gefährt. Als ich an mir herunterschaue, wird mir klar, was meine Haut trifft: Die Luft ist angereichert mit tausenden kleinen Fliegen. Die Viecher verfangen sich in meinen Klamotten. Auf der schwarzen Hose fallen die winzigen Tierchen nicht weiter auf, aber mein türkisfarbenes Shirt ist schwarz gesprenkelt. Ich nehme eine freie Stelle des Shirts zwischen Daumen und Zeigefinger, spanne den Stoff wie einen

Flitzebogen und lasse ruckartig los. Schon ist der größte Teil der Plagegeister verschwunden. Doch nicht lange, schon ist alles wieder voller Fliegen. Und nicht nur mein Shirt ist bedeckt. Auch auf der Haut bleiben einige kleben. Durch meinen Schweiß bleiben sie an mir haften wie Sand auf Sonnencreme. Und auch auf meinen Brillengläsern krabbeln sie herum. Ich versuche, sie wegzupusten, aber das hat wenig Sinn. Obwohl mir so warm ist, laufe ich die letzten Kilometer schneller, um das Übel rasch loszuwerden. Zu Hause merke ich erst, wie warm es wirklich ist. Der Schweiß tritt aus meiner Haut wie Wasser aus einem Schwamm. Und dann diese Fliegen – ich will nur noch unter die Dusche. Im Badezimmer zeigt das Thermometer 28° C. Mir ist so heiß, dass ich kalt dusche. Erst als ich abgekühlt bin, stelle ich das Wasser lauer und seife mich ein. Nach vier Gläsern Wasser geht's mir gut. Ich bin so zufrieden, dass ich im ersten Moment nicht weiß, was als Nächstes ansteht. *Ach ja – Arbeit.* Mein Kopf ist frei, ich gehe motiviert und konzentriert an die Sache.

Dienstag, 25. Juni 2013

Newsletter: Noch gut drei Monate bis zum Start.

Brauche ich einen Newsletter, um mich daran zu erinnern, dass ich dieses Jahr in Berlin laufen werde? Eigentlich nicht. Und doch trifft mich diese E-Mail überraschend. Ist es tatsächlich schon so weit? In gut zwei Wochen müsste ich mit dem spezifischen Marathontraining beginnen, aber ich fühle mich noch nicht richtig motiviert. Der Juni war im Job und zu Hause echt anstrengend. Jede Woche schiebe ich Dinge vor mir her, weil ich einfach nicht so viele Aufgaben bewältigen kann wie anstehen. Die Wochenenden sind verplant mit Sommerfesten – Kindergarten, Schule, Hort, Verein: Jeder will unbedingt noch vor den Sommerferien ein Fest feiern. Und dann möchte ich immer noch Laufen und Schreiben. Ein Fest ist zwar eine schöne Sache, vor allem wenn die Kinder etwas vorführen, aber wenn sich solche Events häufen, dann artet das in Arbeit aus. Vier Feste in zwei Wochen sind mir einfach zu viel, das verdirbt mir die Vorfreude, zumal ich nicht einfach nur hingehen kann, sondern auch jedes Mal in die Vorbereitungen integriert bin, denn jede Familie, die zu einem Fest kommt, darf gerne etwas beisteuern: Salat oder Kuchen, Hilfe bei Auf- und Abbau, beim Grillen, bei der Essensausgabe, am Getränkestand ... grrh ... arrgh ... vollgestopftes Hirn.

Und dann noch auf den Marathon vorbereiten. Stopp!
Ich beschließe, zwei Wochen zu pausieren. Ich laufe nicht. Niemand hat etwas davon, wenn ich zwar nach dem Laufen gut drauf, insgesamt aber gereizt und genervt bin.
Denn das Laufen baut zwar meinen Familien- und Gesellschaftsstress ab, versetzt aber meinen Körper gleichzeitig in einen Zustand, in dem ein erhöhter Ruhebedarf besteht. Denn wer viel Sport treibt, baucht mehr Erholung; ein Paradox, das der momentanen Sommerfeste-Zeit im Wege steht..
Also bleibt mir nichts weiter übrig, als ein paar Gänge runterzuschalten.

Donnerstag, 22. Juni 2013 – Marathon-Plan

Die körperliche Erholung tut mir gut. Es ist ein bisschen wie Urlaub. Andererseits denke ich trotzdem ans Laufen, vor allem weil ich per Newsletter daran erinnert wurde, dass es an der Zeit sei, einen Trainingsplan aufzustellen. Mir wird bewusst, dass der Marathon in Berlin einen ganzen Monat früher stattfindet als der Frankfurter. Nichtsdestotrotz bin ich heute motiviert, meinen Plan festzulegen.

Mein Zeitziel: 3 h 59 min

Als Grundlage nehme ich mir einen Plan aus dem „Großen Laufbuch" von Herbert Steffney und passe ihn nach meinen Bedürfnissen an.

In KW 28 und 29 werden die Kinder einen Teil ihrer Sommerferien bei meinen Eltern im Thüringer Wald verbringen. Hier will ich mir eine gute Ausdauergrundlage schaffen: mich von dreimal auf vier- bis fünfmal wöchentlich steigern, viel Zeit mit Laufen verbringen, dabei weniger auf Umfang und Tempo achten. Alle vier Wochen plane ich einen Tag weniger ein.

In KW 34 wird Julius eingeschult werden, da gehe ich es etwas langsamer an, Ziel ist aber ein Testrennen über 10 Kilometer, gefolgt von einer erholsamen Woche.

Ab KW 35 wird es dann richtig haarig. Die Schule beginnt, für beide Kinder. Sophie bekommt neue Fächer hinzu, Julius muss sich an den Schulalltag gewöhnen. Außerdem geht das Vereinsleben wieder los: regelmäßig an vier Tagen pro Woche Eiskunstlauf- oder Fußballtraining plus Aktionen am Wochenende. Bei dem Pensum weiß ich noch nicht, wie ich das Marathontraining durchhalten soll (plus Schreiben, schließlich will ich meine Erfahrungen auch dokumentieren und veröffentlichen). Wenn ich daran denke, brauche ich ein Eis …

21:22 Uhr: Eis aus dem Gefrierschrank

„Süße Verführung"

weißes Schokoladeneis mit gefrorener Kirschsoße

Marathon-Plan – Zielzeit: 3:59 Stunden

Woche	Montag	Dienstag	Donnerstag	Samstag/Sonntag
1 – KW 28	DL 60 min	DL 60 min	DL 40 min	17 km LLD (6:20)
2 – KW 29	DL 60 min	3x 1000m KTDL (5:10)	DL 40 min	21 km LLD (6:20)
3 – KW 30	DL 50 min	3x 2000m LTDL (5:30)	7 km MRT (5:40)	24 km LLD (6:20)
4 – KW 31		10 km MRT (5:40)	DL 60 min	27 km LLD (6:20)
5 – KW 32	4x 2000m LTDL (5:30)	DL 110 min	DL 40 min	29 km LLD (6:20)
6 – KW 33	DL 70 min	12 km MRT (5:40)	DL 60 min	30 km LLD (6:10)
7 – KW 34	4x 1000m KTDL (5:10)	DL 40 min	DL 20min	10 km Rennen oder Test Zielzeit: 51:15 min
8 – KW 35	LLD 100 min (6:10)		10 km LTDL (5:30)	30 km LLD (6:00)
9 – KW 36	4x 3000m MRT (5:40)	DL 50 min, bergauf schnell, bergab langsam	DL 35 min	Halbmarathon-Test Zielzeit: 1:53 Std.
10 – KW 37	DL 40 min	DL 90 min	DL 50 min	32 km LLD (6:10) Am Ende 10km schnell (5:55)
11 – KW 38	DL 50 min bergauf schnell, bergab langsam	3x 4000m MRT (5:40)	DL 30 min	24 km LLD (6:10)
12 – KW 39	DL 60 min	3x 1000m MRT (5:40)		**Marathon 3:59:00**

Abkürzung	Bezeichnung	Tempo
MRT	Marathon-Renntempo	5:40 min/km
LTDL	Langer Tempodauerlauf	Marathon-Renntempo - 10 sec/km (5:30)
KTDL	Kurzer Tempodauerlauf	Marathon-Renntempo - 30 sec/km (5:10)
LLD	Langer langsamer Dauerlauf	MRT + 30-40sec (6:10 - 6:20)
DL	Dauerlauf	Wohlfühltempo

Die trainingsfreie Zeit tut mir richtig gut. Am meisten freue ich mich auf das lauffreie Wochenende. Oliver hat mir von seiner Dienstreise ein Laufmagazin mitgebracht. Lauter Tipps zur Marathon-Vorbereitung – genau das Richtige.

Woche 1: Grundlagen 1

13:20 Uhr. Die Kinder haben sich gerade in die Ferien verabschiedet. Sie werden zwei Wochen wohlbehütet in der Obhut meiner Eltern verbringen. Ich beneide sie um die unbeschwerte Zeit, die ihnen bevorsteht. Obwohl sie gerade erst weg sind, fehlen sie mir. Andererseits bedeutet das nun für mich, dass ich viel Zeit haben werde. Zeit zum Laufen.

Diese erste Woche der Marathonvorbereitung steht ganz im Zeichen der Grundlagenausdauer, jener langsam gelaufenen Kilometer, die die Basis für mein Training darstellen. Viele wöchentliche Laufkilometer sind die Grundlage eines jeden Marathontrainings, denn die effektivsten Kraftübungen, das wirksamste Stretching, die gesündeste Ernährung sind nichts ohne das umfangreiche Kilometer-Fundament, das ich schaffen muss, um später die 42,195 Kilometer durchzuhalten.

Heute bin ich motiviert. Ich habe Zeit, weil ich niemanden vom Hort abholen und kein Kind zum Training fahren muss, ich werde also auch später genug Zeit finden, mich nach dem Laufen wieder zu erholen.

Die Grundlage schaffe ich mir allerdings nicht allein innerhalb dieser Woche, denn eine solide Basis aufzubauen, dauert zwischen sechs und 18 Monaten. Da ich nun schon seit knapp zwei Jahren regelmäßig zwischen 30 und 60 Kilometer pro Woche laufe, brauche ich mir darüber keine Gedanken zu machen. Trotzdem, ich habe jetzt zwei Wochen pausiert und will mich langsam wieder an die erhöhten Kilometerumfänge herantasten bzw. die Zeit erhöhen, die ich mit Laufen verbringe.

Heute ist ein idealer Tag: blauer Himmel, Sonnenschein, eine leichte Brise, die für Abkühlung sorgen wird.

Ich laufe los, ohne Trainingscomputer. Einfach nur gemütlich joggen, eine Stunde lang, das ist heut mein Ziel. Wenn ich dabei ständig auf die Geschwindigkeit achtete oder auf meinen Puls, würde ich mich bloß unter Druck setzen. Also packe ich nur mein Handy ein, damit ich die Zeit ungefähr im Blick habe. Bereits nach ein paar Minuten finde ich meinen Rhythmus. Ich laufe ein Wohlfühltempo, bei dem alles im Fluss ist: das Auf und Ab meiner Füße, das Vor- und Zurückschwingen der Arme, mein Puls und die Atmung. Ich fühle mich wie ein Pendel, das seine harmonische Schlangenbewegung unendlich fortführen könnte. Dabei denke ich … nichts. Ich bin völlig frei. Ich muss keine Termine planen, keine Sorgen bewältigen, noch nicht einmal Hoffnung hegen. Ich genieße einfach diesen Moment, der sich hoffentlich eine Stunde lang ausdehnt.

Wie ich so laufe, verliere ich sogar mein Ziel aus den Augen: den Marathon unter vier Stunden zu laufen. Es ist plötzlich so, als ob ich mir mein Ziel nicht selbst gesteckt hätte, sondern als würde ich magisch von einem mir unbekannten Ziel angezogen. Da ist etwas in mir, dass mich laufen lässt, ungetrieben, einfach so.

Das Ziel liegt immer hinter dem nächsten Hügel. Mir ist, als laufe ich irgendwohin, wo es wunderschön ist. Dabei spüre ich die wärmenden Sonnenstrahlen auf meiner Haut, die gleichzeitig meine Seele erhellen. Ich spüre den Wind, der der Hitze die Intensität nimmt. Ich sehe die Rapsfelder, die sich verändert haben. Ihnen fehlt jetzt das leuchtende Gelb, das ich so sehr liebe, stattdessen wirken sie wie riesige Unkrautwiesen, das einzig Bunte sind Kamille- und Mohnblüten am Wegesrand. Ich laufe weiter, vorbei an den Roggenfeldern. Auch sie haben ihren frühlingshaften Charme verloren. Die Ähren wiegen sich nicht mehr im Wind, trotzdem sind sie schön. Es sind goldgelbe Flächen, die darauf warten, gemäht zu werden. Es duftet nach Blüten und Heu.

Nach einer Weile wird mir ganz schön warm, obwohl ich sehr langsam laufe. Der strahlende Sonnenschein hat eben auch seine Schattenseiten. Als ich nach Hause komme, schwitze ich so sehr, dass mir nach einem kalten Bad zumute ist. Und – *ich muss verrückt sein* – ich lasse mir tatsächlich kaltes Wasser einlaufen. Ich steige in die Wanne und – mir stockt der Atem. Das Wasser ist etwa so kalt wie das im Eschersheimer Schwimmbad zu Beginn der Saison – aber es tut unheimlich gut, mich so abzukühlen. Ich glaube, ich lasse die Wanne gefüllt für später.

Nachdem ich mich erfrischt habe, ruhe ich mich aus und warte auf Oliver. Er will heute Abend eine Radtour im Taunus machen. Da schließe ich mich an. Er fährt die Strecke von Niederursel an der Saalburg vorbei und über die Hohemark zurück fast jede Woche. Er kennt jede Steigung, jede Kurve, jeden Bodenbelag in- und auswendig. Was für ihn heute ein Regenerationstraining sein soll, wird für mich noch mal richtig anstrengend werden.
Und tatsächlich, ich komme ganz schön außer Puste, denn die Hälfte der Strecke führt fast ausschließlich bergauf. Aber ich genieße die Tour. Es ist schön, die Zeit mit Oliver allein zu verbringen. Wir radeln zwar jeden Morgen gemeinsam zur Arbeit, aber eine Radtour ist doch etwas anderes.

Ich genieße Oliver und ich genieße die Natur. Außer dem Rauschen der Bäume im Wind dringen keine Geräusche an mein Ohr, kein Kratzen von Schaufeln auf Steinen, kein Klappern von Bauschutt in Container, keine Flugzeuge, keine Mopeds, nur Natur. Die Stille des Waldes lässt auch mich stiller werden. Zu den Geräuschen gesellen sich die Gerüche des Waldes, es duftet nach Pilzen, Moos und abgeschälter Baumrinde. Jetzt bekomme ich Appetit. Als wir wieder unten im Tal ankommen, lädt Oliver mich in „Die Linse" zum Essen ein. Ein Rumpsteak zum Abschluss, dann fahren wir im Dunkeln die letzten zwei Kilometer von der Krebsmühle bis nach Hause.

Dienstag, 9. Juli 2013

Ich laufe eine gemütliche Runde im Wohlfühltempo. Es ist sehr anstrengend an, in der Hitze zu joggen. Ich fühle mich unendlich langsam. Wie soll ich so einen Marathon unter vier Stunden schaffen? *Wie soll ich so überhaupt einen Marathon schaffen?* Trotzdem stellt sich das übliche Hochgefühl ein. Ich will gar nicht nach Hause.

Das bisschen Haushalt macht sich heute echt von allein. Da spüre ich den Unterschied zu der Zeit, wenn die Kinder zuhause sind.
Danach ruhe ich mich einfach nur aus, schließlich will ich heute Abend noch beim Tuesday Night Skating mitmachen. Oliver nutzt die Tour jede Woche, um zu trainieren, heute begleite ich ihn. Das Skaten macht Spaß, allerdings ist mir bergab und bei hohen Geschwindigkeiten mulmig zumute. Trotzdem fühle ich mich pudelwohl. Wann hat man schon die Gelegenheit, Frankfurt bei Nacht auf gesperrten Straßen zu erleben?
„Du fährst aber nicht zum ersten Mal mit?", fragt mich einer von Olivers Skatekollegen.

„Zum ersten Mal nicht. Das letzte TNS ist aber etwa zehn Jahre her.“

Zehn Jahre, denke ich im Stillen. Ganz wie in alten Zeiten. Ich werde Oliver nächste Woche noch mal begleiten.

Mittwoch, 10. Juli 2013

Ich genieße meinen trainingsfreien Tag und am Abend eine Stunde progressive Muskelentspannung.

Donnerstag, 11. Juli 2013

Ich spüre meine Beine von der Skatetour am Dienstag noch. Aber ich laufe trotzdem. Es stehen schließlich nur 40 Minuten auf dem Plan.

Ich schaffe 5,3 Kilometer. Es klappt schon etwas müheloser als am Montag.

Samstag, 13. Juli 2013

Der erste lange Lauf seit drei Wochen. Das Schönste ist: Oliver begleitet mich. Zwei Runden um den Borkener See in Nordhessen.

Bilanz der Woche:

37,44 km Laufen
98,59 km Rad fahren
26,81 km Skaten

Ich bin zufrieden. Die Grundlagen sind geschaffen. Jetzt will ich im Laufe der nächsten Wochen den Kilometerumfang um 10% pro Woche steigern – und das Tempo.

Woche 2: Grundlagen 2

Montag, 15. Juli 2013

Heute stellt sich schon eine gewisse Mühelosigkeit beim Laufen ein. Ich bin schneller als letzte Woche und das ganz ohne besondere Anstrengung oder Konzentration. Mein Ziel diese Woche ist, in etwas schnellerem Tempo mehr Kilometer bei gleichem Zeitaufwand zu erreichen und den langen Lauf am Wochenende in 6:20 min/km zu laufen.

Ich bin frei und unbeschwert. Laufen ist alles, was ich brauche.

Dienstag, 16. Juli 2013

Heute steht Tempotraining auf dem Plan. Beim Loslaufen fehlt mir noch die Motivation, schneller zu laufen. Es ist heiß, ich schwitze auch ohne Training und im Feld gibt es keinen Schatten. Trotzdem mache ich mich auf, die 3 x 1000 m in 5:10 min/km zu schaffen. Plan ist Plan. Spätestens unter der Autobahnbrücke der A5 bin ich warmgelaufen und motiviert genug. Die ersten 1000 m schaffe ich mühelos, ich muss mich sogar bremsen, damit ich nicht zu schnell werde. Dennoch komme ich in den anaeroben Bereich. Ich bin ganz schön außer Puste. Eine Trabpause von 500 m bringt mich aber schnell wieder zur normalen Atmung zurück. Runde zwei wird noch anstrengender, hier muss ich über die S-Bahn-Brücke, die Steigung ist nur leicht, hat es aber in sich. Zwar geht es danach wieder bergab, aber da ich die Geschwindigkeit halten will, stellt sich die Erholung nicht sofort ein. Selbst als ich nach dem Gefälle wieder geradeauslaufe, bleibe ich ziemlich angestrengt. Nach der Trabpause von 500 m bin ich noch immer leicht außer Puste. Noch ein letztes Mal powere ich mich so richtig aus, diese 1000 m enden auf der Spitze eines Hügels, die Anstrengung ist nicht zu unterschätzen. Zwar erreiche ich nicht meinen Maximalpuls, aber es fühlt sich bei der Hitze fast so an. Am Ende bin ich froh, dass die harte Trainingseinheit geschafft ist. Ich bin ganz stolz auf mich und freue mich besonders, dass ich einen Haken hinter den Trainingstag setzen kann. Den morgigen Pausentag habe ich mir redlich verdient. Aber vorher will ich noch beim TNS mitfahren. Es ist die letzte Gelegenheit, bevor nächste Woche die Kinder wieder hier sind.

Donnerstag, 18. Juli 2013

Der Lauf heute: langsam und anstrengend. Ich hoffe, es liegt an der Hitze und nicht an einer sich anbahnenden Erkältung.

Freitag, 19. Juli 2013

Ich ziehe den langen Lauf, den ich fürs Wochenende geplant hatte, vor. Es ist das letzte Wochenende ohne die Kinder. Das wollen Oliver und ich für eine Radtour nutzen. Das Laufen fällt mir genauso schwer wie gestern. Ich komme nur schleppend vorwärts, aber ich will den langen Lauf auf keinen Fall abkürzen. Nur in der Mittagshitze laufe ich nicht mehr. Nächste Woche mache ich mich lieber Samstag früh auf den Weg.

21:49 Uhr
Mein Körper ist geschafft, aber ich bin nicht müde. Ich gucke die „Tagesthemen" und warte auf Oliver. Heute haben die Kinder dreimal angerufen. Ich habe dreimal zurückgerufen. Jedes Mal haben wir uns verpasst. Ich vermisse sie so. Am Sonntag werden wir sie in Böhlen abholen. So schön das Wiedersehen werden wird, heute bin ich froh, dass meine Eltern die Verantwortung für sie tragen. Das Training der vergangenen zwei Wochen hat mich körperlich ganz schön beansprucht und ich weiß noch nicht, wie ich

das schaffen soll, wenn die Kinder wieder zuhause sind. Denn dann werde ich nicht mehr mal eben zwei Stunden Zeit haben; dann muss ich das Training zwischen Arbeit und Kinderbetreuung irgendwie einschieben.

21:58 Uhr
Oliver kommt. Er bringt Pizza mit.

Samstag, 20. Juli 2013

Heute ist Radtour-Tag. Zum Glück haben wir herrliches Wetter. Es sind morgens schon 19° C, die Sonne scheint, der Himmel ist hellblau, der Wind bewegt die Blätter an den Pappeln vorm Haus, sodass sie lustig das Sonnenlicht reflektieren. Ich genieße dieses Gefühl. Es ist die erste Radtour, bei der wir uns keine Gedanken machen müssen über das Wetter und entsprechende Kleidung. Wir ziehen einfach kurze Sachen an und radeln los.
Unser Ziel: das Niederwalddenkmal in Rüdesheim, 68 km von hier.

Der Weg dorthin ist flach und der Rückenwind treibt uns an. Bei der geringen Anstrengung lässt sich das Radfahren einfach nur genießen. Nach zweieinhalb Stunden erreichen wir den Rhein. Allein das ist schon Belohnung pur. Zwei Stunden lang radeln wir mühelos durchs Mittelrheintal. Der Fluss fließt stets links von uns, wir sind Teil davon. Das Gefühl: Urlaub. Der Rhein ist breit und erstreckt sich bis zum Horizont, die Blätter der Bäume sind so sattgrün, dass die Kraft der Natur auf mich überspringt, das Wasser glitzert hell in der Sonne. Es herrscht eine mediterrane Stimmung, auch in mir.

Nach viereinhalb Stunden erreichen wir Rüdesheim. Von unten betrachten wir das Denkmal. Es wirkt kolossal und unerreichbar, mitten in den Weinbergen. Da wollen wir hoch? Ja!

Es wird ein Workout. Ich muss im niedrigsten Gang fahren und mein Puls schießt trotzdem in die Höhe. Auf halber Strecke treffen wir auf drei Wanderer, die auch nach oben wollen. Sie lachen … – wir schwitzen! Nach einer dreiviertel Stunde erreichen wir schließlich das Ziel; die Belohnung: der Ausblick. Ich bin fix und fertig. Es dauert eine Weile, ehe ich wieder zu Kräften komme. Ich freue mich auf die geplante Schifffahrt nach Hause. Doch die lassen wir sausen. Die Herfahrt war so herrlich, dass wir beschließen, den Rückweg ebenfalls im Sattel zu bestreiten. So können wir den Rhein noch länger genießen. Allerdings unter erschwerten Bedingungen: Der Gegenwind wird zum Trainingspartner. Was sich anfangs noch gut anfühlt, kostet bald Kraft. In Wiesbaden stärken wir uns noch einmal ausgiebig in einem Restaurant, um den Rest der Strecke auch noch zu schaffen. Doch dieses letzte Stück ist Anstrengung pur. Wir verlassen den Rhein, durchqueren Mainz und Delkenheim und fahren wieder auf die Großstadt zu. Die Geschwindigkeit sinkt, die Motivation auch, die Beine werden verdammt schwer. Erst in Eschborn Süd kann ich noch ein letztes Mal die Kräfte mobilisieren. Von hier aus ist es nicht mehr weit. Wir kommen mit der Dunkelheit zuhause an:

nach 10,5 Stunden im Sattel
und 141,6 gefahrenen Kilometern.
Ich bin stolz und glücklich und todmüde.

Bilanz der Woche:

42 km Laufen
169 km Rad fahren
28 km Skaten

Ich habe die zwei Wochen ohne Kinder voll genutzt, um meine Grundlagenausdauer zu erhöhen. Zwei Wochen, die auf mich gewirkt haben wie ein kleines Trainingslager. Die zweite Woche hat mich besonders dazu motiviert, den Marathon unter vier Stunden zu schaffen. Aber ich darf nicht übersehen: Es kostet Kraft, dieses Ziel zu erreichen. Vor allem, wenn die Kinder nächste Woche zurück sind, wird es nicht leicht sein, das Trainingspensum zu halten. Daher ist mein Ziel für nächste Woche: Weniger Zeit investieren, dafür auf Geschwindigkeit setzen.

Woche 3: Geschwindigkeit

Montag, 22. Juli 2013

Die Kinder sind wieder zurück. Gestern Abend ist es spät geworden, die beiden hatten viel zu erzählen.

War es gestern noch entspannt und schön, fällt es mir heute früh umso schwerer. Ich bin entkräftet und fühle mich schwer wie ein Stein. Es dauert eine dreiviertel Stunde, ehe ich richtig wach bin.

Trotzdem: Ich will laufen, und zwar noch vor dem Frühstück. Denn heute Nachmittag werde ich kaum Zeit finden. Julius ist zum Kindergeburtstag eingeladen. Vorher muss ich ihn vom Kindergarten abholen und das Geschenk einpacken. Anschließend komme ich sicher auch nicht zum Laufen, denn dann kommt Sophie aus dem Hort nach Hause. Also laufe ich, solange alle noch schlafen. Damit muss ich zwar auf meinen Früh-am-Morgen-Kaffee-mit-Oliver verzichten, aber der will heute sowieso ausschlafen.

Ich trinke also zwei Tassen Kaffee und einen halben Liter Iso-Drink, dann laufe ich los. Es dauert nicht lange und alle Müdigkeit ist verflogen. Ich bin jetzt schneller als noch vor zwei Wochen, fühle mich richtig fit und frage mich, ob ich meine Zielzeit noch weiter nach unten drücken soll. Nein, ich laufe einfach und genieße die kühle Luft am Morgen. Das ist etwas ganz anderes, als in der Hitze des Tages zu trainieren. Mir fällt auf, dass die Roggenfelder leer sind, das Getreide wurde geerntet. Nur hier und da liegen noch ein paar Strohrollen herum. An anderen Stellen steht der Mais nun so hoch, dass er meine Körpergröße überragt. Heute Morgen ist es unheimlich, am Maisfeld vorbeizulaufen. Ich habe Angst, dass jeden Moment ein Hund oder Fuchs auftaucht oder dass ich überfallen werde. Ich merke, wie sich Puls und Geschwindigkeit erhöhen. Nichts wie weg hier.

Als ich nach Hause komme, sind die Kinder längst wach und der Frühstückstisch ist gedeckt. Was für ein Luxus!

Dienstag, 23. Juli 2013

Das morgendliche Laufen hat sich bewährt. Ich beginne mein heutiges Intervalltraining noch vor sieben Uhr. Es fällt mir leichter als gedacht, ist aber trotzdem noch so anstrengend, dass ich an den Maisfeldern weder an Hunde noch an Überfälle denke, sondern mich einfach auf eine gleichbleibende Geschwindigkeit konzentriere. Zuhause angekommen, herrscht noch nächtliche Stille. Alle schlafen noch – heute kein Frühstücksservice ...

Donnerstag, 25. Juli 2013

Was sich am Anfang noch so anfühlte, als könnte ich das Tempo über 42 km durchhalten, wurde am Ende sehr anstrengend. Dabei waren es nur sieben Kilometer. Heute merke ich, dass ich erst am Anfang des Trainings stehe. Es liegt noch Arbeit vor mir. Doch das Glück, das mir die Anstrengung verschafft, ist jetzt schon unersetzlich.

Samstag, 27. Juli 2013

6:12 Uhr
Auf leisen Sohlen schleiche ich in die Küche. Das Laminat knackt bei jedem Schritt. *Ist das sonst auch so?* Zum Glück wecke ich niemanden. Für mein übliches Morgenritual – Wasser, Kaffee, Anziehen, Kaffee – benötige ich heute früh keine Stunde. Meine Motivation ist groß, es ist der letzte lange Lauf vorm Urlaub. Ab nächste Woche ist Regeneration angesagt.
Kurz vor sieben laufe ich los. Ich versuche mich an meine Zeitvorgabe aus dem Trainingsplan zu halten, aber schon nach zwei Kilo-

metern habe ich die Befürchtung, dass ich das in dem hügeligen Gelände um Niederursel nicht schaffen werde. Mein Puls liegt nach zwei Kilometern schon über 150 im Durchschnitt. Da ich noch 22 Kilometer vor mir habe, versuche ich etwas langsamer zu laufen. Meine Pace: 6:40 min/km. Die 20 Sekunden hole ich auf den letzten Kilometern noch raus, denke ich und laufe locker weiter. Nach sechs Kilometern geht es lange bergab. Meine Durchschnittspace fällt auf 6:33 min/km, mein Puls ist zu hoch, aber ich bin sicher, dass ich das Tempo locker durchhalten kann. Bei Kilometer acht meldet sich meine Blase. Verdammt. Ich laufe an Eschborn vorbei Richtung Rödelheim. Bei Kilometer 12,3 muss ich in die Büsche. Meine Zeitvorgabe ist damit hinfällig. Ich versuche ein ordentliches Tempo beizubehalten, schließlich ist die Hälfte bereits geschafft, doch ab der Heerstraße geht es kontinuierlich leicht bergauf. Und später muss ich noch eine Runde durch die hügeligen Felder. Es bleibt mir nichts weiter übrig, als einfach locker weiterzulaufen, auch wenn die Pace dann eben hochgeht. *Ist eben so!* Doch selbst das langsame Laufen fällt mir zunehmend schwerer. Zwar habe ich einen Getränkegürtel dabei, aber die morgendliche Kühle ist längst verschwunden. Wir haben sicher schon sommerliche 26° C. Dann klingelt mein Telefon.

„Mama, wann kommst du?", fragt mich eine jammernde Kinderstimme. Julius.

„Oh, mein Schatz, das dauert noch bis halb zehn. Ich bin noch weit weg von zuhause."

„Dann frühstücken wir eben ohne dich", sagt Julius, noch jammeriger als zuvor, mit Enttäuschung in der Stimme.

Ich laufe etwas schneller, damit ich es vor halb zehn schaffe, wieder daheim zu sein. Doch die Strafe folgt auf dem Fuße. Es ist einfach schon zu warm, um noch schneller zu laufen. Ich gerate außer Puste, meine Beine werden schwer und ich habe das Bedürfnis, nach Hause spazieren zu gehen. Statt schneller werde ich immer langsamer. Dann muss ich schon wieder in die Büsche, diesmal drückt aber nicht die Blase, sondern etwas anderes. Doch diesem Bedürfnis gebe ich nicht nach. Es gibt Dinge, die nehme ich lieber mit nach Hause. Ich bin bei Kilometer 19. Das halte ich noch ein. Keine 500 m weiter verirrt sich ein Stein in meinen Schuh. Halb so schlimm, denke ich, der rutscht schon nach vorn. Aber nein, das Exemplar ist groß und spitz, ich muss ihn rausholen. Anhalten, Doppelknoten lösen, Schleife öffnen, Schuhe ausleeren, Schleife wieder binden, weiter. Auf die Pace brauche ich spätestens jetzt nicht mehr zu achten. Sie liegt im Durchschnitt bei 6:51 min/km. Das letzte Bergauf-Stück quäle ich mich nur noch, die Pace steigt: 6:57, 6:58, 7:00 min/km, der Puls auch. Trotzdem habe ich noch immer den Ehrgeiz, die Geschwindigkeit hochzuhalten. Auf dem letzten Kilometer hole ich noch mal alles aus mir heraus, sodass ich mit der Durchschnittspace unter 7:00 min/km bleibe. Geschafft! 24 km. Aber die Leistung erinnert mich eher an eine anstrengende Wettkampfsituation als an einen langsamen Dauerlauf. Und ich empfehle ausdrücklich niemandem, das nachzumachen. Ich hoffe, nächste Woche wird es weniger anstrengend, denn dann laufe ich in der Lüneburger Heide, dort ist es flach. Für heute habe ich jedenfalls genug. Ich gehe nach Hause und freue mich aufs Frühstück. Ich lunse um die Ecke im Flur: Der Tisch ist gedeckt, doch … niemand ist zuhause. Das kommt mir gelegen. Ich brauche Ruhe.

Fazit der Woche:

Ich werde schneller, das spüre ich. Doch die Hitze und mein ehrgeiziges Ziel haben dafür gesorgt, dass ich mich ganz schön ausgepowert habe. Nach dem langen Lauf am Samstag noch zu packen für unseren Camping-Urlaub fällt mir schwer und ich bin froh, dass nächste Woche Regeneration angesagt ist.

Woche 4: Regeneration

Dienstag, 30. Juli 2013

1 km Einlaufen
10 km Marathonrenntempo
Tempo: 5:39 min/km
Puls: 167 bpm
Energie: 816 cal

Subjektives Empfinden:
Sehr hohe Anstrengung. Ich dachte eigentlich, das Tempo würde mir im flachen Gelände der Lüneburger Heide leichter fallen. Wahrscheinlich hatte ich einen schlechten Tag.

Donnerstag, 1. August 2013

Ich suche mir eine Strecke durch den Wald um den Campingplatz herum.

Zeit: 1 h
Tempo: 6:24 min/km
Distanz: 9,38 km
Puls: 161 bpm

Subjektives Empfinden:
Ich fühle mich wieder sehr angestrengt und werde das Gefühl nicht los, schneller und weiter gelaufen zu sein, als meine GPS-Uhr anzeigt.

Freitag, 2. August 2013

Die Kinder sind beschäftigt, das Geschirr ist gespült, das Zelt sieht ordentlich aus. Ich entscheide mich, eine Runde durch den Ort zu laufen. Einfach so, obwohl es nicht im Plan steht. Ich will wissen, ob meine GPS-Uhr genauer funktioniert als im Wald. Ich denke, es ist so, denn bei gleicher angezeigter Geschwindigkeit komme ich müheloser vorwärts.

Distanz: 4 km
Tempo: 6:23 min/km
Puls: 156 bpm

Samstag, 3. August 2013

Gestern Abend war Party im Südsee-Camp. Freitags gibt es dort Stockbrot am Lagerfeuer mit Kinderdisco und Showeinlagen. Es war nach Mitternacht, ehe die Kinder im Schlafsack waren.

Am Morgen wache ich zwar gegen sechs Uhr ohne Wecker auf, aber ich kann mich nicht zum Laufen aufraffen. Mein Hals kratzt und ich fühle mich, als hätte ich einen Kater (dabei hatte nur einen kleinen Becher Weinschorle). Ich schreibe den langen Lauf für diese Woche ab. Mit einer sich anbahnenden Erkältung und ohne ausreichend Schlaf läuft es sich nicht gut. Heute Abend findet das Sommerfest am See statt mit Feuerwerk, da wird es wieder spät werden. Am Abend falle ich erneut todmüde in meinen Schlafsack. Trotzdem stelle ich meinen Wecker auf 6:30 Uhr, nur für den Fall, dass ich morgen früh doch Lust auf den langen Lauf habe. Allerdings wäre ausschlafen auch nicht schlecht, schließlich habe ich Urlaub.

Sonntag, 4. August 2013

Es ist dunkel, fast schwarz, und ich irre umher. Ich taste mich an einer Wand vorwärts, langsam, in Richtung dieses Geräusches, das melodisch leise beginnt, lauter wird und wieder leise beginnt. Es läutet direkt neben mir, aber ich kann die Quelle nicht finden. Es dauert einen Moment, bis ich begreife, dass es mein Handy ist, das da läutet.

6:30 Uhr.

Ach ja, ich will ja laufen. *Will ich?* Es ist hell und angenehm kühl. Ja, ich will.

Ich laufe von Wietzendorf nach Soltau und bin so motiviert, dass ich nach meinen geplanten 27 km noch eine Runde um den Campingplatz dranhänge und so auf 29 km komme. Allerdings bin ich bis Mittag total platt und will nur noch im Zelt sitzen. Arme Familie – ich bin da und doch nicht da.

Fazit der Woche:

Diese Woche stand im Zeichen der Regeneration, doch das einzige Ausruhen bestand im Wegfall meiner Radeinheiten, da ich im Urlaub natürlich nicht zur Arbeit fahre. Die Einheit am Montag habe ich planmäßig ausfallen lassen, dafür konnte ich mich am Freitag nicht zurückhalten. Insgesamt fühle ich mich aber erholter, was sicher am Urlaub liegt, schließlich ist mein Kopf frei von all den Belastungen und Verantwortlichkeiten des Alltags. Außerdem bin ich motivierter, was ich daran merke, hier und da den einen oder anderen Kilometer zusätzlich zu laufen.

Woche 5: Kilometerumfang erhöhen

Montag, 5. August 2013

Das Loslaufen fällt mir schwer. Meine Motivation ist zwar hoch, aber ich spüre noch die Nachwirkungen des langen Laufs am Sonntag. Der Abstand war einfach zu kurz. Trotzdem, mein selbst aufgestellter Plan motiviert mich, das Intervalltraining trotzdem zu absolvieren.

Das erste Intervall fällt mir leicht. Ich laufe viel zu schnell los, so dass mir das anschließende „richtige" Tempo zu langsam vorkommt. Die ersten zwei Kilometer laufe ich so mühelos, dass ich am Ende überlege, ob ich meine Zeitvorgabe um 10 Sekunden korrigieren soll. (5:30 auf 5:20 min/km). Ich entscheide mich lieber dagegen. 200 m Gehpause genügen zur Erholung. Das zweite Intervall fühlt sich auch noch recht leichtfüßig an, aber ich denke nicht mehr daran, die Zielzeit zu verkürzen. Das dritte Intervall nimmt kein Ende, ich komme außer Puste. Das vierte Intervall schaffe ich gerade so, mein Puls liegt im anaeroben Bereich und ich bin froh, die Zeit nicht angepasst zu haben.

Dienstag, 6. August 2013

Schon beim Aufstehen spüre ich: Heute brauche ich eine Pause. Ich verschiebe meinen Dauerlauf auf Mittwoch.

Mittwoch, 7. August 2013

Ich schalte ab und genieße meinen Urlaub. Mein Gefühl: Ich könnte stundenlang weiterlaufen. Trotzdem: Nach fast zwei Stunden bin ich geschafft. Ich springe zum Abkühlen in den See.

Freitag, 9. August 2013

Diese Woche verschiebt sich alles um einen Tag nach hinten. Heute hänge ich an meine geplanten 40 Minuten noch 20 dran.

Samstag, 10. August 2013

Heute ist der Urlaub zu Ende. Wir brechen das Zelt ab und verabschieden uns von der Lüneburger Heide. An einen langen Lauf ist heute nicht zu denken.

Sonntag, 11. August 2013

Ich habe mir den Wecker auf kurz nach sechs gestellt, damit ich laufen kann, bevor Oliver und die Kinder aufstehen. Doch heute will ich nicht so recht. Ich bin müde und brauche über eine Stunde, ehe ich loslaufen kann. Es läuft gut. Meine Zeitvorgabe von 6:20 min/km fühlt sich recht mühelos an. Ich bin froh, denn dieses Tempo kann ich drei Stunden lang durchhalten. Bei Kilometer zehn drückt mal wieder die Blase. Da ich noch ein ordentliches Stück

Weg vor mir habe, gebe ich dem Bedürfnis nach. Die kleine Pause kostet mich 10 Sekunden pro Kilometer. Anschließend versuche ich trotzdem wieder auf 6:20 min/km zu kommen. Doch es ist anstrengend und das Training gleicht mal wieder eher einem Wettkampf – verdammter Ehrgeiz!

Fazit der Woche:

Ziel erreicht!

Woche 6: Level halten

Montag, 12. August 2013

Mein Plan sieht heute 70 Minuten Dauerlauf im Wohlfühltempo vor. Eigentlich keine große Sache, aber der lange Lauf von gestern ist noch nicht ganz verdaut. Ich nehme mir diese Trainingseinheit für den Tag vor. Doch ich habe die Rechnung ohne die Kinder gemacht. Keiner von beiden hat Lust, mich auf dem Rad zu begleiten. Also plane ich um. Oliver arbeitet, deshalb nehme ich mir vor, abends zu laufen. Vorher bereiten wir zuhause noch einige Dinge für den Schulbeginn vor. Julius hat nächste Woche Schuleinführung. Da braucht er allerhand Material. Wir breiten alles auf unserem Holztisch aus, sortieren, beschriften und füllen seinen neuen Ranzen. Julius kann es kaum erwarten, ein Schulkind zu werden. Trotzdem weiß ich nicht, wer aufgeregter ist, er oder ich. Jedenfalls vergesse ich das Laufen. Später, denke ich, obwohl ich weiß, dass ich dann wahrscheinlich zu müde sein werde.

Wie spielen noch eine Weile, dann üben wir den Schulweg und kehren ausgetobt (Kinder) und ausgelaugt (ich) nach Hause zurück. Dort haben die Kinder noch nicht genug. Sophie will das Zehn-Finger-Maschinenschreiben lernen. Ich gebe ihr ein paar Tipps und suche ein Online-Übungsprogramm. Kaum habe ich diese Aufgabe bewältigt, präsentiert mir Julius sein „Motorrad". Wow, denke ich, eine echte Rennmaschine. Er hat aus sämtlichen Rucksäcken, Taschen, Kissen, Decken und PlayMais einen Chopper gebaut. Eigentlich möchte ich mich kurz (nur ganz kurz) hinlegen, aber ich kann nicht anders, als mich zu einer Spritztour einladen zu lassen. Ich knie mich also gemeinsam mit Julius auf dem Motorrad am Boden nieder. Gerade als meine Knie zu schmerzen beginnen, fängt es draußen an zu regnen. *Hoffentlich hört das später wieder auf. Ich will doch noch laufen.* Ich lasse mich von Julius zum Wäscheständer auf dem Balkon chauffieren und hole die Wäsche rein. Dann überrede ich Julius, zur Tankstelle zu fahren. *Kurze Pause, in der ich mir Gedanken mache, ob und wann wohl das selbstgebaute Motorrad wieder aufgeräumt wird.*

Es regnet sich ein, die Kinder quengeln, Oliver arbeitet immer noch. Er kommt kurz vor acht. Die Kinder sind zwar längst im Bett, aber bei Regen und Kälte will ich um DIE Uhrzeit nicht mehr laufen. Da motiviert mich der beste Trainingsplan nicht. Aber ob ich so diese Woche auf 60 Kilometer komme? Vielleicht kann ich die Einheit am Mittwoch nachholen. Morgen stelle ich mir jedenfalls den Wecker.

Dienstag, 13. August 2013

6:07 Uhr
Welcher verdammte Wecker klingelt denn da?

6:12 Uhr
Ich ziehe meine Laufsachen an.

6:27 Uhr
Meine erste Tasse Kaffee. Ich bin sehr müde (wie jeden Morgen, mit oder ohne Wecker), deshalb nehme ich mir vor, heute den langsamen Lauf von gestern nachzuholen

6:45 Uhr
Jetzt muss ich aber langsam los. Oliver will gegen acht aufbrechen zur Arbeit, bis dahin muss ich zurück sein.

6:50 Uhr
Nach dem ersten Schritt spüre ich Kraft und Leichtigkeit. Ich laufe viel schneller als erwartet und entscheide mich nun kurzerhand doch für den 12-km-Lauf im Marathontempo.

Als ich zurückkomme, bin ich wach und glücklich. Das wird ein schöner Tag. Morgen stelle ich mir wieder den Wecker.

Mittwoch, 14. August 2013

Das Aufstehen fällt mir heute nicht so schwer. Ich freue mich auf den Lauf, obwohl die Kälte mich abschreckt. Doch 11° C sind nur halb so schlimm; sobald ich loslaufe, wird mir warm. Außerdem scheint die Sonne. Ich laufe in einem gemütlichen Tempo, sodass ich an nichts weiter denke. Ich komme mir ziemlich langsam vor, doch was solls. Ich bin glücklich und frei, ich habe keine Aufgaben zu erledigen, keine Fragen zu beantworten, niemand stellt Forderungen und ich muss mir keine aufwändige Choreografie merken. Was gibt es Schöneres als Sport?

Zuhause angekommen, blicke ich in ein enttäuschtes Gesicht: Oliver – er wollte um acht los zum Friseur. Und jetzt ist es schon viertel nach acht. *Ups!* Ich habe mich mit der Zeit vertan. Ich versuche es mit einem Entschuldigungskuss. Damit komme ich noch einmal davon. Dann ist er weg. Ich muss mich erst einmal nur um Julius kümmern, weil Sophie noch schläft. Trotzdem bin ich jetzt voll eingespannt: Frühstück vorbereiten, aufräumen und Julius beschäftigen. Fürs Erste gibt er sich mit einem Eisbonbon und einem Ausmalbild zufrieden. Ich lasse Badewasser ein. Nachdem ich zwei Gläser Wasser und einen Smoothie getrunken habe, steige ich in die heiße Wanne. *Ich weiß nicht, was schöner ist: Laufen oder Baden.* Ich möchte immer Urlaub haben. Ich genieße das Gefühl, wie die Wärme meine Muskeln entspannt, atme den Duft des Lavendelöls ein und tauche ab. Doch da ist noch etwas. Ein leichtes Engegefühl stellt sich ein. Es ist in der Brust, eine Beklemmung, die sich breit macht. Ich kenne dieses Gefühl. Es ist die Anstrengung, die 60 km laufen pro Woche mit sich bringen. Es ist die Diskrepanz zwischen dem, was ich will, und dem, was das Leben von mir verlangt. Ich will laufen, mich auf den Marathon konzentrieren, doch eigentlich fehlt mir die Zeit. Nicht die Zeit zum Laufen, eher die Zeit zum Erholen. Und ich frage mich, zum ersten Mal während dieser Marathonvorbereitung, warum ich mir das eigentlich antue. Was treibt mich an? Was soll das? Ich könnte doch genauso gut gemütlich laufen, mich mit 20 km pro Woche zufriedengeben. Aber nein, es muss der Marathon sein.

Spontan fällt mir keine passende Antwort ein. Fest steht: Es ist nicht das Laufen an sich, da steckt mehr dahinter, denn sonst würde ich mich mit Jogging begnügen und nicht an Wettbewerben teilnehmen.

Donnerstag, 15. August 2013

Ich schaffe es zwar, morgens rechtzeitig aufzustehen, aber ich kann mich nicht zum Training aufraffen. Ich verschiebe den geplanten Lauf mal wieder auf den nächsten Tag.

Freitag, 16. August 2013

Obwohl für heute 28° C gemeldet sind, habe ich eher das Gefühl, der Herbst stellt sich ein. Es sind nur 11° C, ich ziehe ein langes Shirt und ein Unterhemd an. Beim Loslaufen friere ich. Als ich am Niederurseler Friedhof vorbeilaufe, bemerke ich eine Veränderung. Erst ein paar Schritte weiter wird mir bewusst, was sich getan hat: Wo am Mittwoch noch die Sonne den Weg erhellt hat, ist heute schon Schatten. Und draußen zwischen den Feldern kann ich viel weiter blicken als sonst, der Raps wurde geerntet, übrig bleibt kilometerweit braune, kahle Erde, ein etwas trostloser Anblick, der mich aber nicht davon abhält, weiterzulaufen.

Samstag, 17. August 2013

Ich habe für heute einen langen Lauf über 30 km geplant. Aber ich komme nicht aus dem Bett. Als ich gegen neun Uhr aufstehe, ist es schon zu spät. Da wir mittags mit Freunden zum Grillen verabredet sind, kann ich nicht vorher drei Stunden in der Gegend herumlaufen. Ich lasse Oliver mit seinem Training den Vortritt und bereite ein paar Kleinigkeiten für den Grillmittag vor.

16:30 Uhr
Es ergibt sich doch noch eine Möglichkeit. Oliver fährt mit den Kindern einkaufen und ich kann laufen.

17:20 Uhr
Wenn ich jetzt loslaufe, bin ich gegen halb neun zurück, denke ich und düse ab ins Feld. Doch ich fühle mich schwerfällig und unfit. Das Steak vom Mittagessen liegt mir noch schwer im Magen. Ich fühle mich wie ein Baumstamm auf Füßen. Hinzu kommen die Hitze und die Schwüle, die mir zu schaffen machen. Obwohl ich viel trinke, muss ich immer wieder Gehpausen einlegen. Außerdem stellt sich heute auch kein angenehmes Gefühl ein. Statt wie üblich mein Runner's High zu erfahren, erlebe ich heute eher so etwas wie Runner's Frust. Nach 13 km beschließe ich abzubrechen und mache mich auf den Heimweg.

Fazit der Woche:

Leider konnte ich mein Level nicht halten. Von den geplanten 60 Kilometern habe ich nur 46 geschafft. Mein Ehrgeiz ist etwas ausgebremst, was aber nicht heißt, dass ich meinen Trainingsplan umstelle. Der kleine Rückschlag bringt mich nicht aus dem Konzept. Allerdings hat sich meine Sicht auf die Dinge etwas geändert: Marathon ja, aber nicht um jeden Preis. Mein Wohlbefinden und das meiner Familie sollen nicht darunter leiden. Stattdessen freunde ich mich mit dem Gedanken an, die Strecke nicht unter vier Stunden zu schaffen. Auf ein paar Minuten kommt es nun wirklich nicht an, gewinnen werde ich sowieso nicht. Wichtig ist mir nur, den Marathon durchzuhalten. Im Vordergrund steht für mich die Herausforderung, eine solche Leistung zu vollbringen, obwohl ich beruflich und familiär sehr eingespannt bin.

Woche 7: 10-km-Testlauf

Montag, 19. August 2013

Mein Wecker klingelt kurz nach fünf Uhr. Es ist noch dunkel draußen und das Aufstehen hat keine Chance. Ich drehe mich noch einmal im warmen Bett um. Mein Plan war es, um sechs Uhr loszulaufen. Heute beginnt mein erster Arbeitstag nach dem Sommerurlaub und Julius ist bei mir zu Hause. Da wird es schwierig werden, das Training tagsüber zu absolvieren. Für den Abend steht der erste Elternabend im Terminkalender. Das wird wohl heute nichts mit dem Training. Schade.

Um acht Uhr verlässt Oliver mit Sophie das Haus. Kurz darauf richte ich meinen Arbeitsplatz in unserem Wohnzimmer ein. Home-Office – welch ein Segen, denke ich, sonst wäre es kompliziert geworden mit Julius zuhause. Seine Schuleinführung findet erst am Mittwoch statt. Ich beschäftige ihn mit einem Puzzle und ein paar Rätseln, dann stürze ich mich auf die Arbeit.
Das Laufen ist längst vergessen.

12:45 Uhr
Beim Mittagessen wittere ich doch noch meine Chance.
„Mama, fahren wir Fahrrad?", fragt Julius.
„Wie wäre es, wenn du Rad fährst und Mama läuft?", antworte ich und lege meinen besten Julius-überrede-Blick auf.
„Ja, gut. Aber du musst schnell sein. Ich will düsen."
„Okay. Ich versuchs."

Es freut mich, dass ich nun doch noch zum Trainieren komme. Julius ist schnell, aber ich kann recht locker nebenherlaufen. Als ich mein Intervalltraining beginne, kommt er aber dann doch außer Puste. Zum Glück laufe ich jeweils nur einen Kilometer schnell und lege dann eine Pause ein. Nur bergauf fällt Julius etwas zurück, bergab holt er mich locker wieder ein. Zwischendurch bleibt er immer wieder an Brombeerbüschen stehen und nascht von den reifen

Früchten. Dadurch wird auch für mich jede Pause zu einer willkommenen Erfrischung. Das ist das schönste Training seit langem. Doch dann müssen wir uns sputen: Sophie wird um halb drei vom Hort nach Hause kommen und sie hat keinen Schlüssel dabei. Wir schaffen es zum Glück rechtzeitig.

Das Training war anstrengend. Ich brauche eine Ruhepause. Erfreulicherweise spielen Julius und Sophie im Kinderzimmer, da habe ich Gelegenheit, wieder Kraft zu sammeln. Doch wenn ich an den Elternabend denke, wird mir ganz anders zumute. Hoffentlich kann ich mich heute Abend noch konzentrieren und alle Infos aufnehmen, vorausgesetzt, ich schlafe nicht ein.

Was das Training angeht, fühle ich mich für das Testrennen am Wochenende jedenfalls gut gerüstet.

Dienstag, 20. August 2013

Da Sophies Unterricht heute pünktlich um acht Uhr beginnt und Oliver sie hinbringt, drehe ich meine Runde heute vor Arbeitsbeginn. Julius begleitet mich wieder. Er ist froh, dass wir heute langsamer unterwegs sind.

Mittwoch, 21. August 2013

Julius' Schuleinführung.
Es war ein herrlicher Tag mit vielen Erlebnissen und Eindrücken. Doch am Abend fühle ich mich genauso müde und schlapp wie nach einem anstrengenden Trainingstag.

Donnerstag, 22. August 2013

Das ist der erste Tag diese Woche, an dem ich ein bisschen freie Zeit nur für mich zur Verfügung habe. Ich genieße die Stille in unserer Wohnung. Und beim Laufen macht sich tiefe Zufriedenheit breit.

Zeit: 20 min
Distanz: 3,2 km

Freitag, 23. August 2013

Nach vier Wochen Pause radele ich heute zum ersten Mal wieder zur Arbeit. Das hat mir gefehlt.

Samstag, 24. August 2013

Kurz nach sechs Uhr falle ich aus dem Bett. Heute wäre ich auch ohne Wecker wach geworden. Ich brauche auch nicht so lange wie sonst, um in die Gänge zu kommen, daher nutze ich die Zeit und laufe spontan los. Voller Motivation laufe ich mich 5 km ein. Dann komme ich an eine Stelle im Feld, wo das Streckenprofil relativ flach ist. Ohne Pause beginne ich meinen 10-km-Testlauf. Am Anfang läuft es gut. Ich fühle mich schnell und voller Power, doch ich lasse mich nicht täuschen, denn es geht zunächst bergab. Ab Kilometer sechs geht es bergauf, leicht nur, aber stetig. Ich benötige viel Kraft und werde langsamer. Am Ende kann ich meine Pace nicht mehr halten. Ich verfehle meine Zielzeit um eine Minute: 52:16 min. Eigentlich müsste ich enttäuscht sein. Doch dazu habe ich keine

Kraft mehr, ich bin froh, dass ich gemütlich nach Hause joggen kann. Zwischendurch krame ich mein Handy heraus. Ich will wissen, welche Marathonzeit möglich ist, wenn ich 10 km unter 53 min schaffe. Ich rufe mir im Internet einen Zeitenrechner auf und sehe Schwarz auf Weiß, womit ich gerechnet hatte: eine Zeit über, nicht unter vier Stunden.

Fazit der Woche:

Diese Woche war stressig, schön, familiär, anstrengend und realistisch. Ich war gespannt auf das 10-km-Testergebnis und weiß jetzt ungefähr, wie fit ich bin. Am Ende war ich ganz zufrieden mit meiner Leistung. Hoffentlich kann ich das Niveau halten, denn nächste Woche folgt der Härtetest. Sophies Eiskunstlauftraining beginnt am Donnerstag, Julius geht wieder zum Fußballtraining, ich fahre wieder mit dem Rad zur Arbeit. All das ist mit körperlicher und geistiger Anstrengung verbunden. Außerdem fährt Oliver nächsten Samstag bei Rhine-on-Skates 135 km von Rüdesheim nach Koblenz und zurück, da wird er den ganzen Tag unterwegs sein. Es wird eine harte Woche und ich weiß noch nicht, wie ich neben den Verpflichtungen auch noch laufen soll.

Woche 8: Training im Alltag

Montag, 26. August 2013

Beide Kinder müssen um acht Uhr in der Schule sein. Das kommt mir gelegen, denn auf diese Weise sind wir alle gezwungen, früh aufzustehen; ich werde vor neun Uhr am Schreibtisch sitzen und folglich früh zuhause sein.

Es ist ein ruhiger Arbeitstag. Viertel vor zwölf verlasse ich das Büro. Es ist windig und kühl. Vorsichtshalber ziehe ich meine Regenjacke über. Zum Glück ist die auch winddicht, denn die Luft pfeift mir ordentlich um die Ohren. Von einem gemütlichen Nachhauseweg kann ich heute nicht sprechen, ich komme bei dem starken Gegenwind kaum vorwärts, dafür aber ganz schön außer Puste. Wenn ich mir vorstelle, dass ich zuhause gleich laufen will, nachdem ich vom Rad abgestiegen bin, fühle ich mich gestresst. Trotzdem gehe ich die 100 min noch an. Ich schaffe es, um 13:25 Uhr loszulaufen. Bei einem gemächlichen Wohlfühltempo verarbeite ich meinen Vormittag.

Nach 50 min kehre ich um und laufe die gleiche Strecke zurück. Doch Wind und Hügel bremsen mich. Ich bin gezwungen, mich mehr anzustrengen, denn bis 15 Uhr muss ich zurück sein, weil die Kinder aus der Schule kommen. Ich habe versprochen, ihnen entgegenzugehen. Doch ich schaffe es nicht, mich vorher umzuziehen. Ich verlängere meine Runde bis zur Bushaltestelle Alt-Niederursel und warte auf die Kinder.

Dienstag, 27. August 2013

Auf dem Nachhauseweg verlängere ich meine Strecke um ein paar Kilometer. Ich habe einfach Lust, noch ein bisschen Rad zu fahren. Heute trainiere ich nämlich nicht. Julius hat Fußballtraining, vorher muss ich noch seine Tasche packen und vor allem ihn dazu überreden. In den Sommerferien war trainingsfreie Zeit und letzte Woche hatte er noch Schonfrist, wegen der Schuleinführung. Ich weiß, er wird viel Spaß im Training haben, aber er braucht erst einen Anstoß zum Wiedereinstieg. Also rede ich zwanzig Minuten auf ihn ein, ehe meine Freundin ihn abholt.

„Aber ich gehe nicht ins Training", sagt er.

„Warum nicht?"

„Ich will nur hin und her schießen und dort muss man richtig spielen."

„Aha! … Dann guckst du heute eben nur zu", antworte ich, wohl wissend, dass er am Ende bestimmt mitspielt.

„Nein." Roter Kopf, lautes Geschrei. *Meine Nerven!*

„Gut", sage ich, „dann geh bitte runter und sage selbst Bescheid, dass du nicht mitfährst."

„Nein."

„Doch. Geh jetzt."

Im Wendehammer am Treffpunkt angekommen, grinst Julius in sich hinein. Er freut sich, seinen Kumpel zu treffen, und möchte doch mit.

„Kannst du meine Sachen holen?"

„Na gut", sage ich und hole seine Tasche, die ich heimlich längst mit nach unten genommen habe.

Tschüss. Kuss. Jetzt brauche ich eine Pause. Zwanzig Minuten Diskussion mit Julius sind mindestens so anstrengend wie eine halbe Stunde Tempodauerlauf. Ich stehe am Rande eines Nervenzusammenbruchs und koche mir einen Tee. *Oliver, Hilfe, wann kommst du?*

Mittwoch, 28. August 2013

Okay, ich habe den gestrigen Tag überlebt. Doch der Alltagsstress lässt nicht nach. Ich habe den Kopf voller Gedanken. Eigentlich ist das nächste Training für Donnerstag geplant. Doch am Donnerstagnachmittag hat Sophie Training in der Eissporthalle. Ich überlege: 14:30 Uhr dort sein, das heißt, 14 Uhr losfahren, vorher beide Kinder aus dem Hort holen, da schaffe ich zwischen Arbeit und Nachmittagsveranstaltung kein 10-km-Tempotraining. Vor der Arbeit? – Will ich auch nicht laufen. Morgens? – Ist es noch kalt und dunkel. Abends? – Kann ich meistens nicht mehr, das wird heute, nach einem anstrengenden Tag, nicht anders sein. Doch es wird mir nichts anderes übrig bleiben. Notfalls fällt das Training morgen eben aus.

Mittags ändere ich meine Meinung. Es ist warm und sonnig draußen. Daher ziehe ich meinen Tempolauf von Donnerstag auf heute vor.

12:30 Uhr
Feierabend. Okay, ich verliere eine halbe Stunde, aber die kann ich dank gleitender Arbeitszeit morgen dranhängen.

12:45 Uhr
Ich kämpfe auf dem Rad mit dem Gegenwind. Mein Puls schießt hoch und ich schwitze jetzt schon. Okay, denke ich, dann brauche ich mich nicht einzulaufen; bis ich zuhause angekommen bin, sind alle Muskeln warm.

13:08 Uhr
Ich steige vom Rad, stelle es im Keller ab und haste die Treppe hoch. Ruck, zuck rein in die Laufklamotten und – plumps! – in die Schuhe, weiter geht's. So stelle ich mir den Übergang vom Radfahren zum Laufen beim Triathlon vor.

Ich renne. Und ich fühle mich gut, meine Kraft könnte für einen ganzen Marathon reichen heute. Doch meine Beine wollen nicht wie der Kopf. Mein linkes Schienbein schmerzt bei jedem Schritt und das rechte Knie sendet hin und wieder stechende Signale. Dennoch renne ich weiter. Mir steckt der Tempolauf vom Wochenende noch in den Gliedern, mein Körper ist noch nicht richtig regeneriert. Doch ich halte durch, schließlich werde ich bis Sonntag pausieren, denn das morgige Training laufe ich heute und am Samstag wird Oliver bei Rhein-on-Skates sein, da muss ich die Kinder hüten. Also gebe ich Gas, bis ich erschöpft zu Hause komme.

Viel Zeit zum Erholen bleibt mir nicht, denn ich habe versprochen, Julius heute um drei vom Hort abzuholen. Zum Duschen bleibt mir keine Zeit, ich behelfe mich mit Dusche aus der Dose und sprühe mich von oben bis unten mit Guavenduft ein. Das muss jetzt reichen, denke ich, auch wenn mein Wohlbefinden leidet.

Ich hole Julius vom Hort. Sophie bleibt noch eine Stunde länger, weil sie mit einer Freundin Geburtstag feiert.

Julius zeigt mir erst stolz, was er in der Schule gelernt hat, und dann seine Hausaufgabe. Danach spielt er, alleine, mit Bausteinen in seinem Zimmer. Ich nutze die Gelegenheit, um mich endlich zu duschen. Ich schaffe es noch, mich abzutrocknen und anzuziehen, bevor Sophie klingelt. Puh!

Ich höre noch geduldig zu, wie eine Klassensprecherwahl funktioniert und was ein Klassensprecher tun und können sollte, dann verschwindet auch Sophie in ihrem Zimmer. Und ich? Ich will mich hinlegen. Ich steuere Richtung Schlafzimmer. Leider gehe ich an der geöffneten Balkontür vorbei und schon bin ich in den Brunnen gefallen. Zwar muss ich nicht wie bei Frau Holle Brote aus dem Ofen holen, aber ich verbrenne mich trotzdem. „Häng mich ab!", ruft die Wäsche „Sonst werde ich ganz bleich." Und ehe ich mich versehe, stehe ich auf dem Balkon und ordne frisch Gewaschenes. Ich verstaue gerade den Wäscheständer in der Abstellkammer, als Sophie mir erklärt, sie habe Hunger und könne nicht länger aufs Essen warten. *O-kay*. Und schon setzt der Abendwahnsinn ein. Essen auftischen, Kinder zum Händewaschen schicken, essen, abräumen, Zähne putzen, den Kindern beim Umziehen helfen … bis sie endlich im Bett sind, ist es kurz nach 20 Uhr. Danach? Filmriss. Ich

schlafe direkt bei der „Tagesschau" ein. Als Oliver aus dem Training zurückkommt, ziehe ich um ins Bett.
„Bitte mach DU das Licht aus, Schatz."

Sonntag, 1. September 2013

Drei Tage Pause haben mir gut getan. Ich hatte schon fast vergessen, wie ruhig und gelassen ich bin, wenn ich mir keine Gedanken darüber machen muss, wann genau ich wie lange Zeit zum Trainieren habe. Vor allem, weil Sophie am Donnerstag zum Eiskunstlauf-Training war, Julius am Freitag Fußballtraining hatte und Oliver den ganzen Samstag unterwegs war. Außerdem hat sich Sophie eine Erkältung eingefangen. Gestern Abend war ich früh im Bett.
Doch genau das kommt mir heute zugute. Halb fünf war ich zum ersten Mal wach und nach einer Weile konnte und wollte ich nicht mehr weiterschlafen. Nur eine Tasse Kaffee hat genügt, um aufzuwachen.

Voller Motivation beginne ich meinen langen Lauf, ohne nachzudenken. Zum Denken würde mir während des Trainings noch genug Zeit zur Verfügung stehen.
Da es morgens kurz vor sechs zu dieser Jahreszeit noch dunkel ist, entscheide ich mich gegen die Runde durch die Felder. Das ist mir einfach zu unheimlich. Der Praunheimer Weg ist zwar im Dunkeln auch nicht gerade einladend, aber es geht zumindest bergab, sodass ich mir sehr schnell vorkomme. Ich laufe den Praunheimer Weg hinunter, dann hoch zum Nordwestkrankenhaus, von dort Richtung Niddapark, an der Rückseite von „Schuch's Restaurant" vorbei. Doch zur Nidda traue ich mich nicht, es ist mir noch zu dunkel. Ich bin schnell und muss mich zurückhalten, noch schneller zu laufen, sonst schaffe ich den langen Lauf nicht in der von meinem Trainingsplan vorgegebenen Zeit. Und tatsächlich: Als ich durch die

Römerstadt Richtung Heddernheim laufe, komme ich wegen meines Tempos außer Puste. Aber die Steigung ist langgezogen und nicht so steil wie die Hügel im Feld. Danach geht es gleich wieder bergab oder eben durch Heddernheim Richtung Riedberg. Da ich gut in der Zeit liege, aber doch sehr angestrengt bin, umlaufe ich den Riedberg, bis ich oberhalb von Niederursel rauskomme. Von dort geht es weiter parallel zur Rosa-Luxemburg-Straße Richtung Oberursel. Normalerweise würde ich nun an der Krebsmühle auf meine übliche Hausstrecke Richtung Steinbach abbiegen, aber dort ist es hügelig. Da ich schnell bin, laufe ich bis Weißkirchen weiter und bleibe dort, weil die Strecke flacher ist. Ich spüre, dass ich die Geschwindigkeit auf unebener Strecke nicht halten kann. Am Ende schaffe ich es mit großer Anstrengung, die 30 km in 6 min/km durchzuhalten. Doch beim langsameren Nachhausetraben kündigt sich der Muskelkater, den ich wohl bekommen werde, schon an. Mir tut alles weh, Schienbeine, Sprunggelenke, Hüften und Knie, sogar den Rücken und die Oberarme spüre ich. Einen Moment lang frage ich mich mal wieder, warum ich mir das antue. Ja, warum eigentlich das alles? Doch diesmal fällt mir die Antwort recht leicht. Es ist Zielstrebigkeit und die Ausdauer, ein Ziel zu verfolgen. Einmal im Jahr will ich auf etwas hinarbeiten, was ich nur für mich tue. Und es geht nicht einfach darum, irgendetwas zu tun, sondern es muss ein herausforderndes Ziel sein, eines, das man nur erreicht, wenn man bereit ist, gewisse Unbequemlichkeiten in Kauf zu nehmen. Das Marathontraining zwingt mich, Nebensächlichkeiten in meinem Leben außer Acht zu lassen und mich auf das Wesentliche zu konzentrieren. Ich merke, dass sich ein bisschen Haushalt durchaus nebenbei erledigen lässt oder dass die Kinder es begrüßen, wenn es Nudeln mit Fleischwurst und Ketchup gibt. *Es gibt Leute, die nennen das Nudelsalat.* Heute spüre ich eine besondere Motivation, die paar Wochen noch durchzuhalten. Zwar merke ich, wie mir das Training in den Knochen steckt, aber so kurz vorm Ziel abzubrechen oder weniger zu trainieren kommt nicht in die Tüte. In den nächsten Wochen wird sich zeigen, ob ich auch die mentale Härte besitze, den Marathon zu schaffen. Es geht schließlich nicht nur um 42,195 km am Tag X, sondern ein wichtiger Meilenstein ist die richtige Vorbereitung. Deshalb nehme ich mir vor, die nächsten Wochen diszipliniert zu bleiben. Es sind doch nur noch die drei Wochen. Und so quäle ich mich körperlich geschwächt, aber geistig in Topform nach Hause. Ich will diesen Marathon schaffen. Ich will das einfach, unbedingt. Das treibt mich weiter an.

Fazit der Woche:

Ich will den Marathon laufen, trotz Arbeit, Familie und Alltag!

Woche 9: Halbmarathon-Test

Montag, 2. September 2013

Beide Kinder sind pünktlich um acht in der Schule. Ich komme halb neun im Büro an. Die Arbeit fällt mir leicht, doch ich spüre meine Muskeln. Allerdings hindert mich der Muskelkater nicht am Training.

Ich schaffe mein vorgegebenes Pensum mühelos und fühle mich so fit wie nie. Langsam komme ich in den Bereich, wo ich hin will. Ich halte sogar eine Zeit unter vier Stunden für möglich. Deshalb bin ich sehr gespannt auf den Halbmarathon-Testlauf am Wochenende. Doch bevor es so weit ist, muss ich erst einmal diese Woche überstehen. Sophie möchte unbedingt in die Eishalle, ihre neuen Schlittschuhe einfahren. Ich laufe also nach Hause, dusche schnell, esse ein paar Reste von gestern und los gehts. Kinder aus dem Hort holen, zur Eishalle fahren, Sophie beim Umziehen helfen und aufs Eis schicken, zugucken und warten. Wir sind gegen 18 Uhr zuhause, doch mir bleibt keine Pause. Ich kaufe schnell ein paar Lebensmittel fürs Abendessen und bereite mich geistig auf die anstrengende allabendliche Familienarbeit vor.

Dienstag, 3. September 2013

Schon beim Aufstehen merke ich: Heute kann ich nicht trainieren. Ich beschließe, statt, wie geplant, 50 Minuten zu laufen, mir eine ausgedehnte, stille Mittagspause zu gönnen. Aber es ist so strahlender Sonnenschein und ich fühle mich fit, dass ich mich nach der Arbeit im Büro anders entscheide. Ich fahre eine Runde Rad und schiebe es anschließend nach Hause. So komme ich zu einem ausgedehnten Spaziergang, ohne die Anstrengung und den Zeitaufwand einer Trainingseinheit. Zuhause angekommen, bleibt mir noch genug Zeit, bevor die Kinder aus dem Hort kommen. Ich sammle

Kraft für den Nachmittag: Julius zum Fußball, Sophie in die Eissporthalle, anschließend Abendessen, bevor ich mich endlich ausruhen kann.

Freitag, 6. September 2013

Ich wiederhole die Art von Training, die ich am Dienstag schon absolviert habe. Es wird ein Spaziergang, bei dem ich am Ende das Gefühl habe, das er wie eine Massage gewirkt hat. Außerdem hänge ich noch ein paar Kilometer auf dem Rad an. Mit dem langsamen, aber ausdauernden Training diese Woche fühle ich mich gerüstet für den geplanten Halbmarathon am Wochenende. Allerdings weiß ich heute noch nicht genau, wann ich den in mein Familienleben einbauen will. Julius hat am Samstag ein Fußballspiel und Sophie möchte lieber mit mir zuhause bleiben. Da werde ich wohl Sonntag laufen müssen.

Samstag, 7. September 2013

Oliver hat genau die richtige Idee: Er schlägt vor, meinen Testlauf mit einem Familienausflug zu verbinden. Er meint, ich könnte am Rhein entlanglaufen. Ich verliebe mich sofort in die Idee. Am Rhein hätte ich ideale Bedingungen: durchgängige Asphaltstrecke, keine Ampeln, schöne Aussicht aufs Wasser und vor allem eine flache Strecke, fast wie in Berlin. Ich bin dabei.

Sonntag, 8. September 2013

8:30 Uhr
Die Kinder spielen. Sie melden keinerlei Bedürfnisse an. Noch nicht einmal frühstücken wollen sie. Sophie ist vertieft in ihre Englisch-Übung am PC und Julius surft auf einem selbstgebauten Longboard (eine zusammengelegte Wolldecke) durch unser Wohnzimmer. Wir Erwachsenen stören da nur. Oliver nutzt das trockene Wetter fürs Training. Ich genieße die Ruhe.

11:30 Uhr
Mittagessen: Spaghetti bolognese

13:00 Uhr
Abfahrt Richtung Bingen.

13:50 Uhr
Start des Halbmarathon-Tests in Bacharach.

Ich laufe mich ein paar hundert Meter ein, dann lege ich sofort los. Die flache Strecke führt dazu, dass ich glaube, viel schneller als im Training zu sein. Ich merke, dass die vielen Hügel im Niederurseler Feld mich stark bremsen. Ich laufe weiter und obwohl ich den Eindruck habe, es gehe leicht bergauf, bin ich schneller als erwartet. Ich bremse mich ein wenig, schließlich bin ich gerade erst losgelaufen. Meine Geschwindigkeit liegt bei 5:19 min/km und ich denke, dass ich das locker durchhalten kann.
Auf halber Strecke etwa beginnt es zu regnen, ich habe Oberwesel hinter mir gelassen und laufe Richtung ... ja, wohin eigentlich? Ich weiß nicht, wie die nächste Ortschaft heißt, und es ist mir auch reichlich egal. Es regnet, ich bin klatschnass und friere. Bei Kilometer elf kehre ich um. Und gebe mehr Gas. Der Rhein liegt jetzt links von mir. Vor mir tuckert ein Schiff. Es ist nicht schneller als ich und ich kann nicht anders, als zu versuchen, es zu überholen. Dabei will

ich aber nicht im Sprint vorbeirennen, sondern ich laufe mit meinem eingeschwungenen Tempo weiter. Der Überholvorgang dauert ganze acht Minuten.

Nachdem ich erneut durch Oberwesel gelaufen bin, fällt mir das Laufen schwerer; ich bin erst bei Kilometer 17, ein bisschen habe ich noch vor mir. Doch ich weiß, dass ich gut in der Zeit liege, mein Ziel von 1:53 h für die 21,1 km werde ich locker schaffen. Ich muss mich also nicht übermäßig anstrengen. Kurz vor Bacharach erhöhe ich nochmals die Geschwindigkeit. Ich schaffe den Halbmarathon in 1:51:54 h und bin damit etwa eine Minute schneller als geplant. Und dabei habe ich sogar das Gefühl, es könnte noch schneller gehen. Das war eben nur ein Test. Ich bin zufrieden, als ich auf Oliver und die Kinder treffe. Die drei sehen ebenfalls glücklich aus. Sophie surft auf ihrem Waveboard die Straße entlang, Julius spielt Motocross auf seinem Mountainbike und Oliver empfängt mich mit offenen Armen (er ist auf Skates so groß, dass ich ihm nur bis zur Brust reiche). Ich fühle mich wie nach einem echten Wettbewerb.

Fazit der Woche:

Mein Halbmarathon-Test stimmt mich zuversichtlich. Ich kann den Marathon unter vier Stunden schaffen.

Aber ich merke auch: Der Preis ist hoch. Ich investiere viel Zeit ins Training; Zeit, die ich mit meiner Familie verbringen könnte. Außerdem kostet das Training eine Menge Kraft. Mir ist augenblicklich nicht mehr nach Laufen zumute, sondern eher nach Ausruhen. Zum Glück ist die anstrengendste Phase bald vorbei. Vielleicht kann ich nächste Woche bei meinem letzten langen Lauf noch mal richtig durchstarten, bevor es dann ans Kräftesammeln geht.

Woche 10: Der letzte lange Lauf

Montag, 9. September 2013

Ich hatte eine schlechte Nacht: spät ins Bett, früh aufgewacht.

4:47 Uhr
Ich liege wach im Bett. Meine Gedanken drehen sich ums Laufen. Ich hätte genügend Zeit, die 40 Minuten abzuspulen. Ich wäre wieder zuhause, noch bevor die Kinder wach werden. Meine Motivation ist groß, doch mein Körper spielt nicht mit. Der Halbmarathon von gestern steckt mir in den Gliedern und die Dunkelheit tut ihr Übriges. Außerdem herrschen draußen nur 12° C, sodass ich mir lieber noch mal die Bettdecke über den Kopf ziehe.

5:20 Uhr
Der erste Kaffee. Jetzt, da ich hellwach bin, macht sich Enttäuschung breit. Wie gut hätte ich die frühe Stunde nutzen können. Ich wärme meine Hände an der heißen Tasse und denke nach. Heute wird es eher nichts mehr mit dem Training. Wenn ich von der Arbeit nach Hause komme, gehts gleich weiter in die Eissporthalle und später am Abend werde ich wahrscheinlich zu müde sein. Ich hole meinen Trainingsplan hervor und streiche das heutige Training durch.

Dienstag, 10. September 2013

Noch immer fühle ich mich müde und unmotiviert. Oliver und die Kinder spüren das auch. Ich bin reizbar und mit den Gedanken woanders, ich fühle mich genervt, höre nicht zu und langsam kommt ein schlechtes Gewissen auf. Ist es das wert? Was ist ein Marathon unter vier Stunden, wenn er zu einem unharmonischen Familienleben führt? Ich beschließe, meinen Trainingsplan nicht mehr ganz so ernst zu nehmen. Heute sind 90 Minuten im Wohlfühltempo geplant. Aber diese eineinhalb Stunden passen nicht in meinen inneren Zeitplan. Allein der Gedanke ans Umziehen und an eine anschließende Dusche in Zeitnot mit Katzenwäsche stresst mich. Statt zu trainieren, entschließe ich mich, nach der Arbeit, mein Fahrrad nach Hause zu schieben. Der zügige Spaziergang ist Balsam für meine Seele und mein schlechtes Gewissen wegen dem Trainingsausfall verschwindet. So habe ich zuhause noch eine halbe Stunde Zeit, bevor die Kinder aus dem Hort kommen und Julius zum Training muss.

Mittwoch, 11. September 2013

Mein Büro ist heute mein Wohnzimmer. Ich beginne kurz vor acht mit der Arbeit, während Oliver die Kinder zur Schule begleitet. So weit, so gut. Anstrengend wird es erst ab Mittag. Ich koche mir einen Teller Nudeln und anschließend beginnt die Familienarbeit. Mein Plan sieht so aus:

13:45 Uhr – Kinder aus dem Hort holen
13:50 Uhr – Abfahrt Richtung Eissporthalle
14:20 Uhr – Sophie helfen, die Schlittschuhe zu schnüren
14:30 Uhr – Trainingsbeginn Eiskunstlauf
14:35 Uhr – Julius beschäftigen
14:55 Uhr – Julius Schlittschuhe anziehen
15:00 Uhr – Durchatmen, beide Kinder sind beschäftigt
16:30 Uhr – Julius vom Eis holen, essen und umziehen
17:15 Uhr – Trainingsbeginn Eisschnelllauf Julius
17:20 Uhr – Sophies Sachen im Spind verstauen
19:00 Uhr – Heimweg, dabei versuchen, die Kinder ohne Gequengel an der Dippemess vorbeizuschleusen
19:30 Uhr – Abendessen und Kinder ins Bett bringen.

Oliver wird heute Abend nicht da sein (Elternabend der 3a).

So viel zu meiner Organisation. An Training ist heute nicht zu denken, aber an Erholung auch nicht. Ich bin schon froh, dass mich meine Terminplanung nicht stresst, denn die Zeit in der Eishalle ist für uns alle meist sehr angenehm und ausgeglichen. Die Kinder haben ihren Spaß und ich freue mich darüber, ihnen einfach nur zuzusehen. Doch meine Vorfreude wird zum ersten Mal gedämpft, als Julius mir im Auto von hinten durch den Rückspiegel eröffnet: „Mama, ich habe eine Hausaufgabe vergessen."

Mich trifft der Schlag; ich rechne: halb acht zu Hause, Hausaufgaben, essen, Bett – „Tagesschau" ade, denke ich.

„Ist es denn viel?", will ich wissen.

„Nur eine Seite im Zifferntrainer."

Nimm es locker, rede ich mir ein. Dann läuft es weiter wie geplant. Doch gegen vier Uhr werden meine Pläne zum zweiten Mal durchkreuzt: Sophie übt den Rittberger und ich schaue ihr von der Zuschauertribüne aus zu, als Julius heulend und blutend unten an der Treppe steht. Ich renne die Treppe runter und setze ihn auf eine Stufe, nehme seine Hand aus dem Gesicht und betrachte das Ausmaß: eine kleine Platzwunde am rechten Auge. *Autsch!*

Mein Puls schießt in die Höhe. Meine Pulsuhr würde Alarm schlagen, weil ich meinen Wohlfühltrainingsbereich verlassen habe. Innerhalb weniger Sekunden bildet sich eine Mamitraube um ihn, die Kinder kratzen Eis von der Eisfläche ab und reichen es ihm, eingewickelt in Taschentücher. Bitte nicht, denke ich, während mein Puls weiter steigt. Doch es sieht schlimmer aus, als es ist. Der Eismeister versorgt die Wunde mit Pflasterstrips und eine Mama trägt ihn hoch auf die Zuschauertribüne, während ich meine sieben Sachen packe; Kufenschoner, Helm und Handschuhe nehme ich in die rechte Hand, während ich mit der linken einige blutige Taschentücher in die Jackentasche stopfe. Julius ist fast schon wieder hergestellt, er knabbert Schokonüsse. Die einzige Sorge, die er noch hat, ist das Krankenhaus.

„Ich will nicht genäht werden, Mama." Dann weint er wieder los. Ich schließe ihn in die Arme.

Sophie hat scheinbar von alledem nichts mitbekommen, sie übt weiter ihren Rittberger. Ein Mädchen aus ihrem Verein sagt ihr Bescheid. Dann zieht sie sich allein um, damit ich bei Julius bleiben kann. Anschließend fahren wir ins Markus-Krankenhaus. Zum Glück muss die Wunde nicht genäht werden, es genügt, wenn die Pflaster ein paar Tage drauf bleiben. Julius kann sich das Grinsen nicht verkneifen. Er ist ganz offensichtlich heilfroh, dass er mit einem blauen Auge davongekommen ist. Auf dem Heimweg lachen und scherzen die beiden im Auto, als sei nichts passiert. Ich freue mich mit den Zweien, obwohl mein innerer Zustand nicht gerade im Wohlfühlbereich liegt. Und als Julius dann auch noch fragt: „Gehen wir jetzt ins Schnelllauftraining?", schüttele ich nur entgeistert den Kopf.

„Wir kümmern uns lieber um deine vergessene Hausaufgabe, ja?"

Der Rest des Tages ist entspannt. Am Abend fühle ich mich trotzdem so ausgelaugt wie nach einem langen Lauf, mein Puls hämmert wild, mir ist heiß trotz kühler Luft, ich höre, wie das Blut in meinem Inneren pulsiert, meine Ohren rauschen, als würde ich tauchen. Aber ich weiß, was dagegen hilft: ein heißes Bad.

Donnerstag, 12. September 2013

Aufs Laufen verzichte ich heute freiwillig. Morgens arbeiten, nachmittags Eishalle, abends Elternabend – da habe ich schon genug, bevor der Tag überhaupt angefangen hat. Mein geplantes Training verschiebe ich auf morgen.

Freitag, 13. September 2013

Siehe Dienstag, 10. September: müde, unmotiviert, gereizt, Spaziergang statt Training.

Samstag, 4. September 2013

Julius hat heute Vormittag ein Fußballspiel. Eigentlich möchte ich gerne dabei sein. Aber wenn ich Marathon laufen will, dann muss ich heute einen langen Lauf machen, so sieht es mein selbstauferlegter Trainingsplan vor. Heute Nachmittag kann ich nicht laufen, weil Oliver an der Reihe ist; er will seine wöchentliche Radtour im Taunus machen. Morgen sind wir bei Freunden zum Frühstück verabredet. Also bleibt mir nur heute Vormittag. Der Wetterbericht verheißt zwar nichts Gutes, doch was soll's: Am Tag X kann ich mir auch kein Wetter wünschen und muss nehmen, was kommt.
Also trinke ich meinen gewohnten Aufwach-Kaffee, ziehe meine Sportklamotten an und lege alles für Julius' Spiel bereit. Sophie wäre lieber mit mir zuhause geblieben, als sich Julius' Spiel anzusehen, aber ich habe mir erlaubt, heute Rabenmutter zu sein. „Ich gehe jetzt laufen; du kannst nicht allein zu Hause bleiben. Punkt."
Widerwillig kleidet sie sich an. Für alle Fälle packe ich ihr meine Spielkonsole und einen Film ein. Falls ihr auf dem Fußballplatz langweilig wird, kann sie „30 über Nacht" gucken.
Nachdem Oliver mit den Kindern verschwunden ist, breche ich auf.

Das Laufen fühlt sich heute sehr leicht an. Es ist zwar kalt, aber nach ein paar Kilometern wird mir schon warm werden.
Ich liege gut in der Zeit, meine Tempovorgabe scheint gut gewählt. Alles läuft gut, bis Oliver anruft. Bevor ich ans Telefon gehe, schaue ich auf mein GPS-Gerät. Alles im Plan.

„Ja?"

„Wir kriegen diesen Film nicht an."

Hallo, denke ich, ist das nicht selbsterklärend? Scheinbar nicht. Ich gehe mit Oliver das Menü meiner Playstation durch, soweit ich das im Kopf habe – Problem gelöst, ich lege auf. Dazu lege ich eine Gehpause ein, was nicht gerade mein Durchschnittstempo verbessert. Was soll's, denke ich einmal mehr und laufe locker weiter. Es nieselt, was mich nicht besonders motiviert. Trotzdem lege ich zu, um meine Pace wieder runterzudrücken.

Bei Kilometer neun ruft Oliver schon wieder an. Ich hebe ab.

„Was ist denn diesmal?", hechele ich ins Telefon.

„Der Film ist in Englisch."

Er stammelt noch ein paar Worte, drückt ein paar Tasten und das Problem löst sich ohne meine Hilfe. *Hallo, wieso habt ihr mich angerufen???* Meine Pace leidet trotzdem. Verdammte Gehpausen. Jetzt muss ich mich beeilen. Ich renne schneller. Ich fühle mich gut, muss mich nicht besonders anstrengen. Selbst als ich bei Kilometer 20 noch schneller werde, habe ich den Eindruck, ich könnte das Tempo locker weitere 20 Kilometer durchhalten. Das ist ein gutes Zeichen, denn es beweist mir: Meine Marathonvorbereitung trägt Früchte. Außerdem ist das heute ein gutes Mentaltraining: Es regnet inzwischen in Strömen, meine Brille ist voller Tropfen, meine Jacke klebt kühl auf meiner Haut und meine Hose wurde scheinbar in der Waschmaschine nicht richtig gespült, denn an beiden Knien bilden sich Schaumkronen. Als dann bei Kilometer 26 mein linkes Knie schmerzt, will ich abbrechen. Jeder Schritt wird zur Qual. Trotzdem laufe ich in dem hohen Tempo weiter. Doch es bessert sich nicht. Mit jedem Schritt spüre ich einen stechenden Schmerz von der Innenseite meines Knies bis zum Oberschenkel. Aber ich will nicht aufgeben. Es ist der letzte lange Lauf vor dem Marathon und ich will unbedingt mein Ziel erreichen. *Verdammter Ehrgeiz.* Da ich sowieso noch 6 km bis nach Hause laufen muss, halte ich die Pace von 5:55 min/km bei. Als ich dann von Oliver eine SMS bekomme, frage ich mich, was ich hier eigentlich mache? Julius' Mannschaft hat 14:0 gewonnen, mein Sohn hat sogar ein Tor geschossen, das erste in dieser Saison, und ich quäle mir hier einen ab. Nichts wie heim.

Bei Kilometer 30 drossele ich das Tempo und humpele die letzten zwei Kilometer nach Hause.

Ich werfe meine triefenden Klamotten in die Waschmaschine und lasse mir ein heißes Bad ein. Während die Wanne vollläuft, dehne ich ausgiebig meine Muskeln. Mir tut alles weh: Knöchel, Waden, Hüften und Oberschenkel. Doch am Schlimmsten hat es mein Knie getroffen. Während sich mein Körper im heißen Badewasser erholt, bleibt mein linkes Knie gereizt und ich merke: Das wird eine längere Geschichte.

Fazit der Woche:

Insgesamt bin ich zufrieden mit dieser Trainingswoche, obwohl es besser hätte laufen können. Ich bin froh, dass ich 32 km am Stück gelaufen bin. Allerdings trübt mein verletztes Knie die Stimmung. Es wird mir nächste Woche eine Zwangspause bescheren. Ich kann nur hoffen, dass sich bis zum Marathontag in zwei Wochen alles regeneriert. Ich habe es wohl etwas übertrieben mit dem Training. PECH, kann ich da nur sagen und hoffen, dass es hilft.

P ause,
E is,
C ompression,
H ochlegen.

Woche 11: Zwangspause

Montag, 16. September 2013

Mein Knie hat sich nicht gebessert. Jeder Schritt schmerzt. Aber eben nur jeder Schritt. Radfahren geht. Ich radele also wie gewohnt mit Oliver zur Arbeit. So kann ich wenigstens einigermaßen meine Kondition halten, ohne die Verletzung weiter zu reizen.

Dienstag, 17. September 2013

Im Liegen spüre ich keinen Schmerz im Knie. Ich stelle mir vor, wie ich heute mein 3 x 4000m-Training absolviere. Doch gleich nach dem Aufstehen werde ich eines Besseren belehrt. Ich humpele ins Bad. Da Radfahren kein Problem ist, verlängere ich meinen Arbeitsweg freiwillig um ein paar Kilometer, ebenso meinen Heimweg sodass ich das Gefühl habe, wenigstens ein bisschen trainiert zu haben. Morgen arbeite ich lieber zuhause, um mein Knie zu schonen. Vielleicht kann ich dann am Wochenende wieder laufen.

Mittwoch,18. September 2013

Leider weicht der Schmerz im Knie nur langsam. Das hat mir gerade noch gefehlt. Vor der Arbeit besuche ich meine Hausärztin. Sie überweist mich zum Facharzt, doch heute und morgen scheint mir kein Zeitfenster frei zu sein. Morgens arbeite ich, zwischen Arbeit und Eishalle schaffe ich es nicht und am späten Nachmittag möchte ich nicht mit zwei Kindern in einem überfüllten Wartezimmer sitzen.
Ich versuche zunächst einen Termin beim Orthopäden zu bekommen. Doch nach dem dritten Versuch gebe ich auf. Anfang November ist mir zu spät. Nach einigen Telefonaten lande ich im Ärz-

tehaus an der Galluswarte. Die chirurgische Gemeinschaftspraxis dort hat eine offene Sprechstunde. Ich habe sogar Glück, es sei nicht viel los dort, heißt es. Ich breche auf und bin eine viertel Stunde später da. Im Wartezimmer trifft mich der Schlag: Es ist so rammelvoll, dass ich mir überlege, wieder zu gehen. Doch was ist die Alternative? Es gibt keine. Also melde ich mich an und warte. Es geht erstaunlich schnell voran; eine Frau bekommt eine CD in die Hand gedrückt, eine andere ein Rezept, eine ältere Dame hat offensichtlich ihre Tochter mitgebracht – wieder zwei Leute weniger – und der Mann neben mir geht auch mit seiner Begleitung ins Untersuchungszimmer. Am Ende geht es so schnell, dass mir während der Wartezeit noch nicht einmal langweilig wird, obwohl ich keine Zeitschrift lese.

Ich werde ins Behandlungszimmer gerufen. Der Arzt zieht und drückt an meinem Bein und Knie herum, stellt mir ein paar Fragen und verkündet mir anschließend seine Diagnose. Der Meniskus ist in Ordnung. So weit gut. Dann erklärt er mir, die Ursache könnte eine eingeklemmte Gelenkkapsel sein. Die Stelle ist geschwollen und erhitzt. Ich soll das Knie kühlen und abwarten, KEIN SPORT. Für den Fall, dass die Beschwerden in zwei Wochen nicht weg sind, empfiehlt er mir eine Ultraschalluntersuchung. Dann bekomme ich einen Stützverband und Tabletten. Auf Wiedersehen.

KEIN SPORT. Verdammt.

Ich löse mein Rezept in der Apotheke um die Ecke ein und fahre nach Hause. Zwei Wochen kein Sport; da kann ich den Marathon vergessen. Doch ich gebe nicht auf. Ich schlucke brav die Tabletten und kühle. Außerdem streiche ich schon jetzt das geplante Training am Wochenende. Das fällt mir echt schwer. Ich habe das Gefühl, die Hälfte meiner mühsam aufgebauten Kondition zu verlieren. Zwar hätte ich ab dieser Woche ohnehin weniger trainiert, um Kraft für den Marathon zu sammeln, aber von hundert auf null erscheint mir zu radikal. Somit verabschiede ich mich nun doch mental von der Vier-Stunden-Marke. Ich bin froh, wenn ich nächste Woche überhaupt mitlaufen kann und nicht wegen Knieschmerzen abbrechen muss.

Donnerstag,19. September 2013

In meinem E-Mail-Postfach finde ich einen Newsletter des Berlin-Marathons. Ein bisschen wehmütig öffne ich die Nachricht. Natürlich sind es lauter Infos rund um die Veranstaltung. Aber ich finde auch ein paar Artikel zum Thema Training. Es geht unter anderem ums Tapering, die Trainingsphase, in der die Umfänge und die Intensität der Läufe reduziert werden, damit sich der Körper von dem anstrengenden Marathontraining erholen kann und am Tag X in Höchstform ist.

Da kommt meine Knieverletzung nicht zu früh und nicht zu spät. Ich habe alle wichtigen Trainingskomponenten absolviert und würde diese Woche sowieso zur Regeneration kommen. Nur hatte ich mir meine Regenerationsphase einfach anders vorgestellt. Gar nicht zu laufen fällt mir echt schwer. Ich glaube, ich bräuchte noch den ein oder anderen Kilometer im Renntempo, um wirklich sicher zu sein, dass ich mein Zeitziel schaffe. Doch jetzt kann ich es nicht mehr probieren. Ich kann nur diszipliniert bleiben und warten – warten und hoffen, bis meine Verletzung ausgeheilt ist. Das verunsichert mich. Werde ich nächste Woche starten können? Werde ich die lange Strecke ohne weitere Verletzung durchhalten können?

Diese Unsicherheit macht mich ganz nervös. Ich werde auf jeden Fall nach Berlin fahren, meine Startnummer abholen und die Stimmung dort genießen; auf ein erfolgreiches Finish hoffe ich lieber noch nicht, denn die Schmerzen in meinem Knie haben zwar nachgelassen, aber verschwunden sind sie nicht. Außerdem kann ich heute nicht einschätzen, inwieweit die Schmerztabletten meinen Blick trüben.

Freitag, 20. September 2013

Als mein Wecker klingelt, fühle ich mich so frisch und ausgeruht wie schon lange nicht mehr. Die Trainingspause hat auch ihre guten Seiten. Selbst als Oliver kurz nach sieben das Haus verlässt, bleibe ich gelassen und fröhlich, obwohl ich weiß, dass ich die Kinder pünktlich um acht Uhr in der Schule abgeliefert haben muss. Auch meine Beine fühlen sich kräftig und gelenkig an. Julius hat heute Nachmittag Fußballtraining. Der Gedanke, dass ich ihn pünktlich hinbringen muss, stresst mich heute überhaupt nicht, weil ich weiß, dass ich nicht vorher noch trainieren will. Jetzt erst wird mir bewusst, welche Last mir von den Schultern fällt. Jetzt, da das Marathontraining ausfällt, spüre ich erst den Druck, den ich mir selbst auferlegt habe. Ich weiß gar nicht, wie es mir möglich war, die letzten zehn Wochen durchzustehen.

Andererseits spüre ich eine Lust und Energie in mir, die ohne den Sport viel geringer ausgeprägt wäre. Ein Leben ohne Sport kann ich mir nicht vorstellen. Nur, ob es unbedingt die Vorbereitung auf einen Marathon sein muss, das überlege ich mir noch. Denn heute früh spüre ich es besonders, wie viel Zeit mir durch das Training verloren geht; Zeit, die ich mit meinen Kindern verbringen könnte, oder ein paar Stunden in der Woche, die ich abends mit Oliver genießen könnte, statt bei der „Tagesschau" einzuschlafen. Eine befriedigende Vorstellung – allerdings kenne ich mich selbst zu gut. Im Winter verbringe ich viel Zeit mit Oliver und den Kindern, sodass die Welt im Frühling wieder anders aussieht. Wie auch immer, heute beschließe ich jedenfalls, meinen freien Nachmittag zur Regeneration zu nutzen. *Oder sollte ich faulenzen sagen?*

Ich nehme das Auto, um zur Arbeit zu fahren, und um zehn vor zwölf verabschiede ich mich in den Feierabend. Drei Stunden die Seele baumeln lassen, ehe die Kinder nach Hause kommen, die Vorstellung gefällt mir. Zuhause lege ich die Füße hoch, um mein Knie zu entlasten. Dann lege ich mir ein Eispack auf und warte, was passiert.

Nichts. Es passiert nichts. Ich spüre weder den Drang zu laufen, noch kommen störende Gedanken auf, dass ich noch dieses oder jenes tun muss. Ich genieße die Ruhe und wünsche mir öfter Tage wie diesen.

Nach dem Fußballtraining geht es hektisch zu. Ich richte schnell das Abendessen an, weil Oliver in einer halben Stunde zum Training nach Groß-Gerau will. Es reicht für ein gemütliches Zusammensein. Danach will Sophie noch am Computer Mathe üben und Julius möchte Filme bei YouTube ansehen. Ich helfe Sophie beim Einrichten der Word-Datei und setze mich zu Julius aufs Sofa, auf dem Schoß das Web-Tablet, er hat es bereits eingeschaltet und die YouTube-App geöffnet. *Und ich? Was soll ich machen? Beim Vorlesen einer Geschichte ist mir meine Rolle vollkommen klar, aber hier? Ich bin nicht ganz sicher, was nun meine Aufgabe ist.*
Ich soll „ICE" eingeben. *Okay.*
Wir klicken Video für Video an und wundern uns, wie schnell ICE, TGV und Transrapid durch Tunnel und über Brücken rasen. Das ist die moderne Gute-Nacht-Geschichte. Apropos gute Nacht: Vor lauter Hochgeschwindigkeitszügen habe ich glatt die Zeit vergessen. Jetzt aber ab ins Bett. Heute schlafe ich nicht bei der „Tagesschau" ein.
Doch das hat andere Nachteile: Mir fällt ein, dass ich heute nichts eingekauft habe. Es ist kein Brot da, keine Marmelade, nur ein paar Äpfel und drei alte Bananen mit braunen Stellen. Mich überkommt kurz ein schlechtes Gewissen, weil ich heute Nachmittag drei(!) Stunden lang gefaulenzt habe. Doch das währt nur kurz. Schließlich sind noch Eier und Muffins da, wir werden schon nicht verhungern.

Samstag, 21. September 2013

Der einzige Lauf, den ich heute unternehme, ist ein Einkaufsbummel im Nordwestzentrum mit Sophie. Oliver fährt mit Julius zu seinem Fußballspiel, wir sind also den ganzen Vormittag für uns. Als wir gegen Mittag zurückkommen, spüre ich wieder diese fiesen Stiche im Knie. Ich merke, dass die stundenlange Latscherei zu viel war, aber ich spüre auch eine Besserung. Am Nachmittag lege ich wieder die Füße hoch, Oliver besucht mit den Kindern den Skatepark. Langsam bin ich doch etwas angestrengt wegen dieser verdammten Verletzung. Es scheint mir eine zähe Angelegenheit zu sein. Trotzdem beschließe ich, morgen die Tabletten wegzulassen. Wenn die Schmerzen dann ausbleiben, kann ich eventuell am Dienstag noch mal laufen, bevor es am Sonntag auf die lange Strecke geht. Ich habe das dringende Bedürfnis, vorher zu prüfen, ob und wie fit ich bin.

Sonntag, 22. September 2013

Morgens sticht es in meinem Knie. Oder ist das Einbildung? Es ist kein wirklicher Schmerz, eher ein heißes Kribbeln, wie ein eingeschlafenes Bein. Ich bin angespannt, ich erwarte Schmerz, aber alles, was ich verspüre, ist die Angst vor dem Schmerz. Doch er bleibt aus. Vorsichtshalber bewege ich mich trotzdem nur wenig. Oliver fährt eine letzte ausgiebige Trainingsrunde am Main und ich beneide ihn. Doch andererseits bin ich ganz froh über die Zwangspause, so kann ich mich maximal erholen und übertreibe es nicht vor dem wichtigen Wettkampf. Denn ohne die Verletzung würde ich sicher wieder mehr machen, als es zu dieser Zeit gut tut. So bleibt es bei einem Spaziergang – zur Wahlurne, in die Eisdiele, zum Urselbach und zurück. Puh.

Mein Optimismus, nächste Woche dabei zu sein, steigt. Ich drucke mir die Teilnehmerbroschüre aus und stimme mich mental auf Berlin ein. Mein Puls steigt, ich bekomme heiße Ohren.

Fazit der Woche:

Diese Woche hatte ich mir zwar anders vorgestellt, aber nun bin ich ganz froh darüber, wie alles gekommen ist. Die Verletzung am Knie ist weg, zumindest habe ich keine Schmerzen mehr, außerdem fühle bin mich ich trotz der anstrengenden Arbeits- und Familienwoche erholt und gut vorbereitet auf den Marathon. Noch eine Woche ohne Sport halte ich aber so kurz vor dem langen Lauf nicht aus. Ich werde morgen auf jeden Fall wieder mit dem Rad zur Arbeit fahren.

Woche 12: Marathonwoche

Montag, 23. September 2013

Der Weg zur Arbeit mit dem Rad bereitet mir keine Probleme. Selbst bergauf, wenn ich mein Knie belasten muss, geht es mühelos und schmerzfrei. Während der Arbeit überlege ich immer wieder, ob ich heute trainieren soll. Einerseits will ich die Verletzung am Knie nicht unnötig reizen, andererseits will ich meine Kondition erhalten. Doch ich kenne mich selbst zu gut: Wenn ich heute laufe, dann lege ich am Ende doch den einen oder anderen Kilometer im geplanten Marathon-Renntempo zurück, deshalb lasse ich es lieber bleiben. Was ich allerdings nicht ausschlagen kann, ist ein Spaziergang von Eschborn nach Hause. Das klingt verrückt, tut mir aber richtig gut, eine Massage für die Seele, vor allem, weil mein linkes Knie die 5 km durchhält, ohne erneut zu schmerzen.

Zuhause fühle ich mich leicht angestrengt, aber nicht so kaputt wie bei einem „echten" Dauerlauf. Ich bin heilfroh, ein Häkchen auf meinem Trainingsplan machen zu können.

Dienstag, 24. September 2013

Heute fehlt mir eigentlich die Zeit zum Laufen. Morgens ist es dunkel und ich bleibe lieber im kuscheligen Bett liegen, nachmittags bin ich ab halb drei mit den Kindern beschäftigt und abends will Oliver ins Training, dann lasse ich die Kinder nicht alleine und werde wahrscheinlich auch zu müde sein. Deshalb entscheide ich mich noch einmal für den „Spaziergang" von der Arbeit nach Hause, verglichen mit dem Marathontempo ganz langsam. Oder wie man in Berlin sagen würde: „janz langsam".

Nachdem ich mit Sophie aus der Eissporthalle zurückkommen bin, schaffe ich es noch, einzukaufen, Wäsche im Keller abzuhängen, zwei Maschinen Dreckwäsche anzustellen und aufzuhängen, das

Abendessen anzurichten, abwechselnd mit den Kindern auf dem Arm herumzutoben, die Wohnung zu saugen und das alles aufzuschreiben. Und ich könnte noch viel mehr schaffen. Wenn ich an Berlin denke, platze ich fast vor Motivation. Ich spüre so viel Energie in mir, dass mir ,janz heiß' wird. Das ist es, was ich so liebe am Marathon, deshalb nehme ich diese ganzen Strapazen auf mich, darum stecke ich so viel Kraft in die Vorbereitung – es ist diese mentale Anziehungskraft, die er auf mich ausübt. Es ist wie der Drang des Bungee-Springers, sich von einer Brücke fallenzulassen. Ich kann es nicht anders beschreiben. Und diese Woche ist es endlich so weit.

Freitag, 27. September 2013

12:30 Uhr
Es geht lo-hos. Eine Stunde eher als erwartet, denn Sophie hat heute früher Schulschluss als üblich. Ich habe einen solchen Energieüberschuss, dass ich nicht weiß, wohin damit. Ich brenne.

Wir kommen gut vorwärts auf der A5. Der übliche Wochenendverkehr hält sich noch in Grenzen. Kurz vor Alsfeld geraten wir dann doch in einen Stau. Wir rechnen mit größeren Zeitverlusten. Ob wir es heute noch schaffen, auf der „Berlin Vital"-Messe unsere Startnummern abzuholen?
Ab dem Hattenbacher Dreieck löst sich der Stau auf und wir kommen gegen halb vier in der Nähe von Ichtershausen an. Dort holen meine Eltern Sophie und Julius ab. Ein kurzes Schwätzchen, Gepäck umladen und verabschieden, das ist alles in zwanzig Minuten erledigt. Auf der weiteren Route nach Berlin halten uns ein paar kleinere Staus in Atem. Trotzdem kommen wir rechtzeitig in Berlin-Tempelhof an, um unsere Startunterlagen abzuholen. Wir haben

sogar noch genügend Zeit, um über die Marathon-Messe zu bummeln und Flammkuchen zu essen.

Auch der Weg ins Hotel ist ein Kinderspiel. Das „Estrel" liegt direkt an einer großen Hauptstraße und ist schon von Weitem zu sehen. Es ist kurz nach halb zehn, als wir einchecken.

Unser Zimmer ist geräumig, mit Wannenbad und weiter Sicht. Ich lasse meinen Blick über die Möbel schweifen und bin mir nicht sicher, ob mir die Sand- und Grautöne gefallen. Alles ist aufeinander abgestimmt, doch ein heimeliges Gefühl stellt sich nicht ein. Es wirkt steif und businessmäßig. Sogar die Betten stehen getrennt. Wir schieben sie zusammen, schließlich sind wir verheiratet.

Samstag, 28. September 2013

Als ich aufwache, frage ich mich, wie viel ich gestern getrunken habe. Nichts, denke ich, kein Alkohol, den ganzen Abend über nicht. Und doch fühle ich mich verkatert.

„Die Augenringe sieht man nur, solange das Licht von oben auf dein Gesicht scheint", sagt Oliver zu mir.

Danke für das Kompliment, denke ich, und schenke ihm einen müde-verliebten Blick. Ich will nur noch frühstücken und in Ruhe aufwachen. Außerdem bin ich froh, dass wir im Hotel übernachten und nicht privat untergekommen sind. Ich darf mich jetzt einfach an den gedeckten Tisch setzen und mich am Büfett bedienen. Der Gedanke daran gefällt mir fast noch besser als die Vorfreude auf den Marathon. Wenn ich an den anstrengenden Tag denke, der vor uns liegt, weiß ich nicht, wie ich den langen Lauf morgen durchhalten soll. Trotzdem, heute ist Olivers großer Tag. Er will halb elf am Brandenburger Tor sein. Wir liegen gut in der Zeit.

Oliver nimmt an einem Einführungstraining teil, weil er im Rennen bei einer Speed-Gruppe mitfahren will. Das funktioniert wie das Laufen mit einem Pacemaker, nur dass der Guide beim Skaten keinen Ballon in der Hand hält.

Während Oliver sein Renntempo und die Skatetechnik mit dem Guide übt, lasse ich die Stimmung in Berlin auf mich wirken.

Schon jetzt herrscht Wettkampfstimmung. Ich spüre, wie ich innerlich vibriere und in Gedanken das große Klatschen vor dem „Drei zwei, eins …" des Startschusses durchgehe. Meine Lippen zittern.

Es dauert nicht viel länger als eine Stunde, bis Oliver zurückkommt. Er ist sehr euphorisch und hat sein Wettkampfziel für den Nachmittag festgelegt. Anschließend brandet nicht weit von uns Applaus auf. Neugierig bahnen wir uns einen Weg durch die Menge. Es sind Kinder, denen da zugejubelt wird. Die Kleinsten drehen gerade ihre Runden ums Brandenburger Tor. Obwohl meine eigenen Kinder nicht mitfahren, ist es so süß, ihnen zuzuschauen. Einige Kids rollen auf Speedskates so schnell um die Kurve, dass ich die Luft anhalten muss. Das Rollen ohne Bremse am Schuh würde ich mich nicht trauen. Als ein Junge in der Kurve stürzt und mit seinen Schützern laut über die Steine schlurft, zucke ich zusammen. Doch den Kleinen kümmert das nicht. Er steht auf, rückt seine Schoner zurecht und düst weiter. Ich bin indes sehr gespannt auf das Rennen der Erwachsenen.

Wir bummeln noch ein wenig durch die Menge, essen und trinken etwas, ehe Oliver sich im Startbereich einfindet. Dort verabschieden wir uns. Denn auch wenn ich eine eigene Startnummer besitze, heute darf ich nicht in den Startbereich. Skaters only, denke ich und laufe zurück zur Straße des 17. Juni, wo auf der Zielgeraden die Zuschauertribünen aufgebaut sind. Da ich auf der rechten Seite vor lauter Menschen nicht durchkomme, suche ich eine Fußgängerüberquerung und laufe auf der linken Seite Richtung Siegessäule. Die Tribünen sind noch recht leer, füllen sich aber langsam. Ich suche mir die letzte vorm Ziel aus und setze mich ganz nach oben. Von hier kann ich die Leinwände und einen langen Bereich der Straße gut beobachten. Doch es ist noch viel Zeit, ehe Oliver hier ins Ziel fahren wird. Wir haben gerade erst 15 Uhr. Halb vier ist Start für die Elite-Skater (die im selben Hotel wie wir wohnen – wie cool). Oliver wird nicht vor 16:45 Uhr ins Ziel kommen.

Ich setze mich also hin und versuche, mich etwas auszuruhen. Der Tag war bis jetzt sehr anstrengend, die weiten Wege und das ununterbrochene Unterwegssein schaffen mich. Normalerweise ruhe ich mich am Tag vor einem Marathon einfach nur aus. Heute ist das nicht möglich, schließlich will ich dabei sein und mit Oliver feiern, wenn er sein Ziel erreicht hat. *Oder ihn auffangen, falls es danebengeht, was ich nicht hoffe.*

Jetzt kann ich kurz durchatmen. Die Tribüne ist zwar gut besucht, aber nicht überfüllt. Ich kann sitzen, mich anlehnen, die Beine ausstrecken und entspannen.

Doch die Atempause währt nur kurz. Der Moderator auf der Straße treibt die Zuschauer an. Er will erreichen, dass sie den Kindern zujubeln, die heute ebenfalls ihren großen Auftritt haben. Und tatsächlich dauert es nicht lange, ehe die Schnellsten das Ziel erreichen. Zuerst kommt eine Handvoll Jugendliche an, dann werden es mehr und mehr, bis sie massenweise aus dem Brandenburger Tor herausströmen. Ich verfolge auf den Leinwänden, wie die Kids das Brandenburger Tor verlassen, und beobachte, wie sie eine Minute später das Ziel passieren. Obwohl ich keines der Kinder kenne, lasse ich mich mitreißen und klatsche im Takt der anderen Zuschauer mit. Zwischendurch schwenkt die Kamera zur Aufstellung der Skater. Gespannt verfolge ich die Starts. Doch es herrscht ein einziges Gedränge, Oliver kann ich da nicht erkennen. Genau genommen erkenne ich nur ein paar Beine und viele, viele Helme; bis die Skater losstürmen. Jetzt zählts. Dank Berlin-Marathon-App weiß ich: Oliver ist um 15:38 Uhr gestartet.

Ich vergesse die Zeit. Als die letzten Kinder durchs Ziel laufen, passiert wenig auf der Zielgeraden. Lediglich eine Liveschaltung zur

Spitze der Skater sorgt für Aufruhr. Es ist Bart Swings, den sie da zeigen. Überlegen skatet er an der Spitze, allein, ohne Verfolger. Bereits nach 29,5 min hat er die Halbmarathon-Marke passiert und rast nun Richtung Ziel. Die Menge ist gespannt, ob er die 42,195 km unter einer Stunde absolvieren kann. Obwohl Skaten nicht meine Disziplin ist und ich den Belgier gar nicht kenne, bin ich voller Adrenalin. Ich halte einen Streckenfaltplan in der Hand, den ich zum Klatschen benutze, als der Mann nach 58 min und 10 s ins Ziel rast. Dann passiert lange nichts, ehe der Zweite ins Ziel fährt, gefolgt von einer ganzen Gruppe weiterer Skater. Die Leute klatschen und jubeln und ich lasse mich anstecken, obwohl ich eigentlich meine Beine ausruhen wollte.

Kurz danach vibriert mein Handy. Die Marathon-App hat mir Olivers Zwischenzeit geliefert: 00:43:49 h; seine prognostizierte Zielzeit liegt bei 1:27:39 h. Fast wie erwartet, denke ich und verfolge weiter das Geschehen unten auf der Straße. Der Moderator nutzt eine Pause, in der gerade keine Skater ins Ziel fahren, um die Menge anzustacheln. „Wir sind jetzt alle mal ganz leise", sagt er, „Konzentration!" Und ich bin erstaunt, dass tatsächlich absolute Stille auf den Tribünen herrscht. Fasziniert von dieser Ruhe auf Knopfdruck, warte ich auf weitere Anweisungen. Dann folgt Klatschen, erst langsam, dann schneller und lauter werdend, bevor der Moderator die Leute dazu antreibt, mit den Füßen zu stampfen. Als weitere Skater aus dem Brandenburger Tor heraus auf die Zielgerade rollen, brandet maximal möglicher Applaus auf. Ich bebe und werde eins mit den Vibrationen der anderen unter meinen Füßen. Ich genieße die Welle der Begeisterung, denn diese Seite einer solchen Veranstaltung kenne ich noch nicht, normalerweise gehöre ich zu denen, die da unten die letzten Meter vorm Ziel bewältigen. Ich versuche meine Euphorie etwas zu bremsen und halte Ausschau nach Oliver. Es ist schwer, die Skater zu unterscheiden. Viele tragen, wie Oliver, schwarze Hosen und rotes Trikot. Außerdem kommen sie jetzt meist in größeren Gruppen an. Gegen 17 Uhr beginne ich jede Gruppe zu fotografieren. Doch er kommt und kommt nicht. Oder habe ich ihn übersehen? Vorsichtshalber krame ich mein Handy hervor und öffne die Marathon-App, doch es ist noch keine Zielzeit eingetragen. Vielleicht ist ihm etwas passiert. Ich bin unruhig. Vielleicht ist er gestürzt.

Zehn Minuten später entdecke ich ihn doch noch, von Weitem heranrasend und ins Ziel skatend. Ich halte mit der Kamera alles fest. Dann stapfe ich die Tribüne hinunter, um zum ausgemachten Treffpunkt zu gelangen. Unterwegs rufe ich erneut die App auf, um mir seine Zielzeit anzusehen. Es ist keine eingetragen. Komisch, denke ich, war er das überhaupt? Ich hieve meinen Rucksack vom Rücken und hole die Kamera heraus. Doch – die Bilder sprechen eine deutliche Sprache – er ist durchs Ziel gefahren. Aber wieso hat er keine Zielzeit? Vielleicht war unterwegs doch was passiert. Ich muss zu ihm. Nur leider befinde ich mich auf der falschen Straßenseite. Wo vorhin noch eine Fußgängerüberquerung war, skaten jetzt tausende Menschen durchs Brandenburger Tor. Zum Glück fällt mir der U-Bahn-Tunnel ein.
Als ich am Treffpunkt ankomme, wartet Oliver längst auf seine Turnschuhe, die bei mir am Rucksack hängen. Ich stürme zu ihm und umarme ihn. Aber er ist nur halbherzig bei der Sache. Die Enttäuschung steht ihm ins Gesicht geschrieben. Er blieb weit hinter seinen Erwartungen zurück. Und dann ist auch noch sein Chip abhandengekommen. Und jetzt steht er vor mir, ohne Zielzeit, mit schmerzverzerrtem Gesicht und enttäuscht. Ich sage lieber nichts. Das ist echt bitter, denke ich, ein ganzes Jahr Vorbereitung für einen enttäuschenden Moment. Hoffentlich passiert mir das morgen nicht selber. Ich komme mir schäbig vor. Es ist einfach nicht der richtige Zeitpunkt für solche Gedanken.
In der S-Bahn schläft Oliver ein. Ans Schlafen kann ich selbst nicht denken. Langsam kocht mein Blut. Morgen bin ich dran.

Sonntag, 29. September 2013 – Berlin Marathon

Mitten in der Nacht wache ich auf. Bitte nicht, denke ich, ich brauche den Schlaf. Es ist stockdunkel im Hotelzimmer, die Gardinen vor dem Fenster sind zugezogen. Ich schaue mich um. Am Fernseher leuchtet die Uhrzeit. Es ist halb fünf. Wäre ich zuhause, würde ich jetzt aufstehen. Aber hier, was soll ich hier machen? Frühstück gibt es erst in einer Stunde. Ich lege mich etwas höher und versinke in Gedanken. Ich gehe den Start durch.

Lauf nicht zu schnell los. Aber ich lasse mich von dem Gedanken mitreißen, den Marathon doch unter vier Stunden zu schaffen. Eigentlich halte ich das nach knapp zwei Wochen Zwangspause nicht mehr für möglich, doch es ist wie mit den kleinen Sünden des Lebens – ich kann nicht darauf verzichten.

Wenig später stehe ich auf und packe alle wichtigen Sachen in meinen Startbeutel. Dann erst beginne ich mit der Morgentoilette.

Bis ich mit allem fertig bin, ist es halb sechs und somit Zeit fürs Frühstück.

Zuhause esse ich am Marathontag meist nicht viel, aber hier, wo ich mich nur an den gedeckten Tisch setzen muss – esse ich mich ordentlich satt. Nur mein Ei lasse ich lieber stehen, nachdem ich bei Oliver gesehen habe, wie weich es ist. Der Frühstücksraum füllt sich. Langsam werde ich nervös. Mir ist heiß. Mein Blut pulsiert laut in meinen Ohren. Ich schätze, sie sind dunkelrot. Ich kann nicht länger warten, verabschiede mich von Oliver und breche auf zur S-Bahn. Beim Umsteigen irre ich zunächst ziellos umher. Doch zum Glück bin ich nicht die Einzige, die zum Start möchte. Ich gehe einfach hinter einigen anderen Leuten mit Startbeutel zum richtigen Bahnsteig.

Als ich am Brandenburger Tor ankomme, ist es bereits halb acht. Ich habe nur noch eine Stunde Zeit, meine Sachen abzugeben und den Startbereich zu finden. Zwar weiß ich von gestern noch, wo es langgeht, aber ich kann nicht einschätzen, ob mir eine Stunde reicht. Natürlich ist eine Stunde genug, rede ich mir ein, schließlich bin ich nicht die Einzige, die noch nicht umgezogen ist. Trotzdem: Ich bin nervös. Ich versuche mich zu beeilen, komme aber nicht schnell voran. Außer mir wollen auch alle anderen vom Brandenburger Tor zum Start- und Zielbereich in der Nähe des Bundeskanzleramtes im Regierungsviertel. Vorm Reichstagsgebäude bleibe ich kurz stehen. Wo gestern dort oben noch Leute wie Ameisen in der Kuppel herumspazierten, sieht es heute früh reichlich verlassen aus. So vereinsamt die Kuppel wirkt, so fühle ich mich in der Kälte, und das, obwohl tausende von Leuten um mich herumwuseln. Oliver ist nicht da. Er packt unsere Sachen und checkt aus dem Hotel aus. Ich bin froh, dass ich mich darum nicht kümmern muss. Aber hier muss ich mich kümmern und zwar darum, dass mein Beutel nicht abhandenkommt. Alles ist gut organisiert, aber ich kann nicht auf Anhieb erkennen, wohin ich gehen muss. Es ist auch erst einmal nicht wichtig, denn bevor ich meinen Beutel abgeben kann, muss ich mich startfertig machen. Das ist schnell erledigt, zwei Handgriffe: Jeans aus, Jacke aus. Oder nein, die Jacke ziehe ich mir lieber noch mal über. Es ist zwar für heute Sonnenschein und 14° C vorhergesagt, aber davon merke ich noch nichts. Ich friere. Und das, obwohl meine Ohren heiß vor Aufregung sind. Die Kalorien vom Frühstück fühlen sich längst verbrannt an. Ich versuche durchzuatmen. Die Grünfläche vorm Reichstag füllt sich. Es ist ein Kommen und Gehen, ein Aus- und Umziehen, ein Spektakel. Doch ich fühle mich leicht überfordert. Ich muss meinen Startbeutel abgeben – rechtzeitig – aber wo? Die Zelte für die Kleiderabgabe sind gut gekennzeichnet. Aber die Beutelabgabe für die Frauen versteckt sich in einer Ecke, die ich dummerweise nicht finde. Ich lausche den Unterhaltungen der anderen und komme doch noch hinter den genauen Standort. Doch dort muss ich erst einmal hingelangen. Ich bin nervös, male mir in meiner Fantasie aus, wie es ist, den Start zu verpassen. Wenn ich von hier aus den Startschuss höre, dann renne ich schnell rüber zur Straße des 17. Juni und hechte dem Feld hinterher, allein. Dann bliebe mir nur noch zu hoffen, dass ich es vor dem Besenbus schaffe – ein Horrorszenario. Meine Ohren glühen. Ich will doch nur diesen verdammten Beutel loswerden. Noch immer finde ich das Zelt nicht. Als ich es endlich entdecke, ist es längst 8:20 Uhr. Zeit zu gehen. Okay, ich bin den Ballast los. Da ich in Gedanken längst in der Startaufstellung stehe, tatsächlich aber noch im Tiergarten bin, werde ich hektisch. Ich bin hier, will aber woanders sein. Ich renne, auch wenn ich noch Zeit habe, zur Startaufstellung, finde meinen Startblock und kann vorm Start doch noch mal durchatmen. Ich befinde mich mitten unter zehntausenden von Leuten auf der Straße des 17. Juni. Mit-ten-drin. Ah! Es ist so weit. All die Mühe wird gleich ein Ende haben. Wenn ich erst laufe, wird alle Anspannung weichen. Doch bis dahin muss ich noch warten. Mir ist kalt. Viele Läufer ziehen langsam ihre Pullover und Plastiktüten aus, die sie sich zum Schutz vor der Kälte übergezogen haben. Ich habe mir zwar diesmal auch eine Tüte besorgt, sie dann aber in der Hektik im Startbeutel vergessen. Jetzt brauche ich sie auch nicht mehr. Gleich wird mir warm werden. Ich hebe mir die Tüte einfach für Kassel 2014 auf, dort werde ich sie brauchen.

Langsam richtet sich meine Aufmerksamkeit auf das, was um mich herum passiert. Ich lausche den Moderatoren, die Prominente interviewen und lauter Infos ins Mikro sagen. Sie reden vom Inline-Marathon gestern. Dort ist ein Rentner gestorben, die Ursachen sind noch unklar. Dann kommen lauter Infos, die ich gleich wieder vergesse. Bis endlich Haile Gebrselassie, der den Marathon von 2006 bis 2009 jedes Jahr gewonnen hat, den Startschuss gibt.
Ans Loslaufen kann ich noch nicht denken, es dauert, bis sich die zähe Masse der Freizeitläufer in Bewegung setzt. Ich schätze, die Profis sind bereits ein paar hundert Meter gelaufen, ehe ich langsam vorwärtskomme. Doch es sind nur wenige Minuten, um die es sich handelt. Es sind so viele Menschen, das ist Wahnsinn. Auf Bildschirmen sieht man Köpfe, die auf und ab wackeln – und ich mittendrin. Das kann ich immer noch nicht fassen. Ich laufe langsam los, gucke schon nach wenigen Metern auf die Uhr: 5:40 min/km, viel zu schnell. Ich bremse mich. Obwohl so viele Menschen die Straße des 17. Juni verstopfen, komme ich gut vorwärts, alle laufen

mein Tempo, ich habe mich gut eingeordnet. Hier kann ich bleiben. An der Siegessäule teilt sich das Menschenmeer, ich würde das Bild gerne von oben betrachten. Einige laufen rechts, andere links an der Siegessäule vorbei. Ich entscheide mich für rechts. Ich laufe einfach, bekomme nichts mehr mit. Die Zuschauer am Straßenrand sind mir egal, ich will vorwärtskommen. Diese Straße ist so unendlich lang und breit. Und flach, sie ist so flach, dass ich viel schneller bin als im Training. Die Uhr sagt 5:42 min/km. Ich fühle mich frisch, laufe locker, könnte noch schneller. Wenn ich das Tempo bis zum Schluss durchhalte, schaffe ich es unter vier Stunden. Doch ich lasse mich nicht täuschen, ich bin gerade mal am Ernst-Reuter-Platz, das sind noch nicht einmal 3 km. Ich versuche das Tempo etwas zu drosseln, aber ich schwimme in der Menge mit, kann nicht viel langsamer laufen. Außerdem koche ich innerlich, die Energie setze ich ins Laufen um. Von Weitem höre ich Blasmusik. Es sind lauter Posaunen, die an der Strecke für Stimmung sorgen, und ich muss aufpassen, dass ich im Takt der Musik nicht schneller werde. Doch dann bremst mich ein lustiger Bayer, der am Straßenrand auf einer Leiter mit einer Kuhglocke wedelt. *Na, hoffentlich fällt der da nicht runter.* Bald habe ich den Bläserchor und den Bayer hinter mir gelassen und gelange schon zur ersten Zeitmessmatte. 5 km in 28,5 min, ich bin zufrieden. Es gibt Tische, an denen das erste Wasser verteilt wird, aber ich lasse die Verpflegung links liegen. Ich brauche noch nichts. Es geht weiter, am Bundeskanzleramt und am Reichstag vorbei, aber davon bekomme ich nicht viel mit. Überhaupt ist an Sightseeing nicht zu denken. Ich muss mich auf die Straße und die Leute konzentrieren, da kann ich mich nicht um Gebäude kümmern. Schade. Das Einzige, was mir nicht entgeht, ist der Fernsehturm, denn der ist nicht zu übersehen. Sind wir schon so weit? Ja, bei Kilometer neun gibt es Obst und Getränke. Diesmal hole ich mir zwei halb gefüllte Becher Wasser und lege eine kurze Gehpause zum Trinken ein. Bald darauf bin ich schon bei Kilometer zehn. Bis hierhin lief es echt super, ich bin so leistungsfähig wie das ganze Jahr nicht. Die knappe Stunde, die ich nun unterwegs bin, verging wie im Flug. Ich könnte ewig so weitermachen. Aber ich weiß, es sind noch drei Stunden, bis ich am Ziel ankomme, eher mehr. Nach dieser ersten Stunde sehe ich nur noch breite Straßen, Läufer vor mir, neben mir, hinter mir, einige Leute am Straßenrand. Manche jubeln, andere schauen genervt drein, sie warten sicher auf einen günstigen Moment, damit sie die Straße überqueren können. Mir egal. Die Straßen sind hier so breit, dass viele Zuschauer weit weg sind und es für mich so aussieht, als sei das Interesse am Marathon eher gering. Manche tun sich schwer mit dem Klatschen und Anfeuern. Aber ich bin so euphorisch, dass ich versucht bin, sie anzufeuern. „Super! Lauter!", brülle ich zum Straßenrand hinüber. „Weiter! Schneller!", brüllen sie zurück. Das war die Quittung. Ich lege etwas an Tempo zu. Nach der Hälfte der Strecke liege ich noch immer gut in der Zeit: 2:02:05 h. Das reicht zwar nicht mehr für die 4:00 h, aber ich habe noch Kraft, um an Tempo zuzulegen. Ich will wenigstens meine Bestzeit von 4:08:24 h toppen. Das ist noch was drin. Einen Motivationsschub erhalte ich dank der Musik bei Kilometer 22, dort spielen lauter Mädels auf Saxophonen und Trompeten, begleitet von Trommeln und Banjos. Die Musikrichtung ist Swing, eigentlich nicht meine Musik, aber es lässt sich so gut in meinem Lauftempo da vorbeischweben. Besser gefällt es mir trotzdem weiter vorne, wo auf dicke rote Fässer getrommelt wird. Ich laufe schneller. Mein Tempo liegt bei knapp 5:55 min/km, das sind immer noch unter 10 km/h, ich könnte einen persönlichen Rekord schaffen. Aber meine Beine … mein Knie will nicht mehr wie der Kopf. Die ersten Stiche spüre ich schon bei Kilometer 26. Nicht, bitte nicht, das ist viel zu früh, es sind noch über 16 km bis zum Ziel. Wenn mein Knie jetzt schlappmacht, muss ich doch noch in den Besenbus. An der nächsten Trommeleinlage laufe ich langsam vorbei, ebenso an den Samba-Klängen. Ich gehe zwischendurch, laufe längst nicht mehr im Rhythmus. Jeder Schritt schmerzt. Die Stiche im Knie werden von Kilometer zu Kilometer schlimmer. Doch bei Kilometer 30 bin ich erstaunt: Meine Zeit ist noch immer gut, ich laufe über die Zeitnehmungsmatte und bin noch unter drei

Stunden. Ich wundere mich, dass ich trotz Schmerzen noch so schnell bin. Trotzdem, ich brauche eine Pause. Doch die 12 km, die noch vor mir liegen, laufen sich nicht von allein, niemand wird mir die Qual abnehmen. Ich hole mir ein Stück Banane und zwei Apfelviertel, gehe ein paar Meter, trinke Tee. Doch wirklich stärken kann mich das nicht. Ich fühle mich schlapp und müde, will mich hinsetzen. Nur: Im Besenbus will ich nicht durchs Ziel fahren. Ich habe hart hierfür trainiert, jetzt zeigt es sich, ob sich der Aufwand gelohnt hat. Ich laufe am Hohenzollerndamm entlang. Ich weiß jetzt, der Kurfürstendamm ist nicht mehr weit. Ab dort wird es leichter, dort werden viele Leute sein, die mich vom Straßenrand aus motivieren. Doch jetzt bin ich platt, ich verziehe das Gesicht vor Schmerzen, kann nicht mehr auftreten, ich gehe, statt zu laufen. Immer wieder schaue ich mich um, ob ich am Straßenrand Fotografen entdecke. Nicht, dass mich auch noch jemand so fotografiert.

Wenn Zuschauer am Straßenrand stehen, laufe ich schneller, sonst laufe ich langsamer, lege Gehpausen ein, um mein Knie zu schonen. Den Verpflegungspunkt bei Kilometer 35 lasse ich nicht aus. Ich trinke in Ruhe einen Becher Wasser, hole mir eine halbe Banane und sehe erstmals das Desaster auf der Straße. Der Bodenbelag besteht aus Plastikbechern, die im Wasser schwimmen, so weit, wie ich sehen kann. Auf einige muss ich drauftreten, andere versuche ich zu umgehen, aber es ist sinnlos. Dann werde ich von einem Erdinger Weißbier überholt. Ich frage mich: Wie fit muss man sein, um in solch einem Kostüm einen Marathon zu laufen? Ich kann nicht mehr, die Tränen steigen mir in die Augen. Die Gehpausen tun mir nicht gut, ich finde nur schlecht wieder ins Laufen zurück. Meine Oberschenkel brennen, ich muss weinen. Ich biege ab in die Potsdamer Straße. Ich weiß, von hier ist es nicht mehr weit bis zum Brandenburger Tor und von dort nicht mehr weit bis ins Ziel. Ich erinnere mich an den Streckenplan: wenn die Potsdamer Straße kommt, kann Unter den Linden nicht mehr weit sein. Aber verflucht, wie lang zieht sich diese Straße? Nach der Potsdamer quäle ich mich durch die Leipziger, dann noch mal abbiegen und noch mal und noch mal und noch mal, ehe ich Unter den Linden ankomme. Es sind noch 800 Meter zum Ziel. Ich schaue auf die Uhr: 4:03:20 h. Ich liege noch unter meiner Bestzeit, ich könnte die 4:08 h toppen. Meine Kraft reicht. Das denke ich zumindest. Ich versuche einen letzten Sprint hinzulegen, aber ich kann nicht mehr. Meine Schmerzen bremsen mich, auf einen schnellen Schritt folgt ein Humpeln, ich komme nicht mehr auf Geschwindigkeit. Mir ist nach Aufgeben zumute, aber als ich durchs Brandenburger Tor laufe, trägt mich die Menge ins Ziel. Sie sehen mir nicht an, wie fertig ich bin. Ich schaffe es in 04:09:04 h. Im Ziel breche ich in Tränen aus, vor Glück, vor Schmerz, vor Erleichterung. *Das mache ich nie mehr!* Stolz nehme ich meine Medaille entgegen und humpele mit der Menge zum Verpflegungsbereich. Ich bekomme eine Tüte mit Getränken, Obst und Riegeln. Aber ich kriege nichts davon runter. Ich will nur sitzen. Am liebsten im Auto.

Ich weiß nicht mehr, wie ich es geschafft habe, meinen Kleiderbeutel abzuholen und zu Oliver zu gelangen. Aber ich falle ihm beim Treffpunkt überglücklich in die Arme, meine Tränen sind versiegt. Ich bin jetzt Finisher, ich habe es geschafft. *Kann ich das glauben? Nein, noch nicht.*

Marathon Plan – Zielzeit 3:59 Stunden

Woche	Montag	Dienstag	Donnerstag	Samstag/Sonntag
37 km 1 – KW 28 +125 km Rad; Skates	DL 60 min ✓ 7,4 km +35 km Rad	DL 60 min ✓ 7,2 km +27 km Skates	DL 40 min ✓ 5,3 km	17 km LLD ✓
42 km 2 – KW 29 +197 km Rad, Skates	DL 60 min ✓ 7,8 km	3x 1000m KTDL (5:10) ✓ ♡177 ges: 7,74 km	DL 40 min ✓ 5 km	21 km LLD (6:20) ✓ 7:59
50 km 3 – KW 30 77 km Rad	DL 50 min ✓ 7,26 km; 6:54 ♡152 bpm	3x 2000m LTDL (5:30) ✓ ♡161 ges: 9 km	7 km MRT (5:40) ✓ ♡163 ges: 9 km	24 km LLD (6:20) ✓ 6:59 ♡158
54 km 4 – KW 31		10 km MRT (5:40) ✓ ♡167 ges: 11,3 km	DL 60 min 9,4 km	27 km LLD (6:20) ✓ ♡158 ges: 29 km
62 km 5 – KW 32	4x 2000m LTDL (5:30) ✓ ♡161, max 175 ges: 9,7 km	DL 110 min ✓ ♡138 14,3 km	DL 40 min ✓ 6,3 km	29 km LLD (6:20) ✓ ♡160
46 km 6 – KW 33	DL 70 min ✓ 9,6 km ♡142	12 km MRT (5:40) ✓ ♡166	DL 60 min ✓ 7,7 km ♡150	30 km LLD (6:10) 16 km 8:16 ♡140
41 km 7 – KW 34 +15,8 km Rad	4x 1000m KTDL (5:10) ✓ ♡167, max 176 ges: 9,6 km	DL 40 min ✓ 5,5 km ♡137	DL 20 min ✓ 3,2 km ♡145	10 km Rennen oder Test ✓ Zielzeit: 51:15 min 52:16 min ♡177 ges: 23,2 km
53 km 8 – KW 35 +85 km Rad	LLD 100 min (6:10) 13 km (7:54) ♡144		10 km LTDL (5:30) ✓ ♡174	30 km LLD (6:00) ✓ ♡168
50 km 9 – KW 36 +80 km Rad	4x 3000m MRT (5:40) ✓ ♡165 ges: 13 km	DL 50 min, 1:20 h bergauf schnell, ♡124 bergab langsam 8 km	DL 35 min 55 min 5,55 km ♡129	Halbmarathon-Test ✓ Zielzeit: 1:53 Std. 1:51:54 ♡175 ges: 24 km
46 km 10 – KW 37 +41 km Rad	~~DL 40 min~~	DL 90 min ✓ 9 km	DL 50 min ✓ 5,2 km ♡120	32 km LLD (6:10) Am Ende 10km schnell ✓ (5:55) ♡167
11 – KW 38 **43,5 km Rad**	DL 50 min bergauf schnell, bergab langsam	3x 4000m MRT (5:40)	DL 30 min	24 km LLD (6:10)
12 – KW 39	DL 60 min ✓ 5,36 km ♡133	~~3x 1000m MRT (5:40)~~ 3,65 km ♡125 38 min		**Marathon** 3:59:00 4:09:04

Abkürzung	Bezeichnung	Tempo
MRT	Marathon-Renntempo	5:40 min/km
LTDL	Langer Tempodauerlauf	Marathon-Renntempo - 10 sec/km (5:30)
KTDL	Kurzer Tempodauerlauf	Marathon-Renntempo - 30 sec/km (5:10)
LLD	Langer langsamer Dauerlauf	MRT + 30-40sec (6:10 - 6:20)
DL	Dauerlauf	Wohlfühltempo

Montag, 30. September 2013

Ich habe Urlaub. Den brauche ich auch. Mir tun die Muskeln weh, Treppen steigen geht nur Stufe für Stufe und beim Kochen reicht es gerade für eine Tiefkühlpizza. Mir fehlt sogar die Kraft zum Schreiben.

Mittwoch, 2. Oktober 2013

Ich kann wieder gehen, ohne zu humpeln. Beim Treppensteigen kann ich mit jedem Fuß eine Stufe nehmen – und ich muss schon wieder ans Laufen denken.

Als die Kinder aus der Schule kommen, schauen wir uns mein Video vom Marathon an. Man kann mich auf den Bildern leider gut erkennen. ‚Leider' deshalb, weil ich auf den meisten Abschnitten gehend an der Kamera vorbeihusche, so kann man mich gut finden. Ein gutes Läuferbild gebe ich nicht ab, aber immerhin – ich habe es geschafft. Bei Kilometer 40 laufe ich zumindest auf dem Video und auch die Stelle mit dem Brandenburger Tor im Hintergrund passiere ich laufend. Da bin ich doch ganz froh, dass ich nicht durchs Ziel gehumpelt bin. Die Kinder scheinen stolz auf mich zu sein. Ich freue mich einfach nur auf das bevorstehende lange Wochenende.

Sonntag, 6. Oktober 2013

Ich laufe eine Runde im Feld, 6 km im Anfängertempo. Es geht wieder.

Mittwoch, 9. Oktober 2013

Als ich von der Arbeit nach Hause komme, habe ich das Gefühl, an Kondition einzubüßen, wenn ich nicht laufe. Ich will weitermachen mit dem Laufen und nicht in ein paar Monaten von vorne anfangen. Der Frankfurt Marathon findet Ende Oktober statt …

Sonntag, 13. Oktober 2013

Ich kann es nicht lassen. Ich mache einen langen Lauf. Er endet nach 22 km, aber das reicht mir. Mein Knie tut noch weh, aber ich mache es trotzdem: Ich melde mich beim Frankfurt Marathon an! Warum? Ich will in den Marathon-Club eintreten und eine ewige Startnummer erhalten. Der Gedanke daran ist einfach wunderbar, anders kann ich es nicht ausdrücken.
Eine ewige Startnummer. Dafür müsste ich zehnmal beim Frankfurt Marathon ins Ziel kommen. Bis jetzt sind nur 42 Frauen Clubmitglieder. Ich will auch dazugehören.

Sonntag, 27. Oktober 2013

Zehn Uhr Startschuss zum Frankfurt Marathon. Ich laufe in der ersten Welle mit. Trotz Knieproblemen und Konditionseinbußen laufe ich nach 4 h und 31 min über den roten Teppich in die Festhalle ein. Ich bin fertig wie immer, aber meinem Ziel ein Finish nähergekommen.

Das Schönste: Nach dem Zieleinlauf stürmen Julius und Sophie so euphorisch auf mich zu, dass ich fast stürze.

Dank Oliver und den Kindern, einigen Kollegen und Bekannten entlang der Strecke und der vertrauten Umgebung bin ich glücklicher ins Ziel gekommen als in Berlin. Nur meine Mutter war diesmal nicht dabei, obwohl sie mir bis jetzt an jedem Marathonwochenende die Treue gehalten hat.

Sonntag, 15. Dezember 2013

Zusammen mit Julius nehme ich am 3. Riedberger Zipfelmützenlauf teil, bei dem jeder Teilnehmer eine grüne Mütze bekommt. Wir laufen gemeinsam 5 km rund um den Riedberg. Das ist so lustig, dass wir nächstes Jahr zusammen als Familie Lingemann mitlaufen wollen.

2014 – Es geht weiter!

26. April 2014:
Internationaler Halbmarathon in Wiesbaden: 2:03:30 h

3.-4. Mai 2014:
Wir – Oliver, die Kinder und ich – nehmen alle an einer der Veranstaltungen des Kassel Marathons teil, die Kinder landen sogar auf dem Treppchen.

Julius erreicht den ersten Platz in seiner Altersklasse und wird Dritter in der Gesamtwertung beim Mini-Inline-Marathon und Sophie wird Zweite in ihrer Altersklasse beim Mini-Marathon.

Oliver und ich können bei DEN Platzierungen nicht mithalten.
Er fährt die 21,1 km auf Skates in 00:45:19 h und ich komme beim Halbmarathon auf stolze 1:53:09 h.

26. Oktober 2014:
Frankfurt Marathon: 4:15:32 h